13년 8개월의 대일협상

교양인을 위한 역사강좌 2

한일회담이란
무엇인가?

유의상 지음

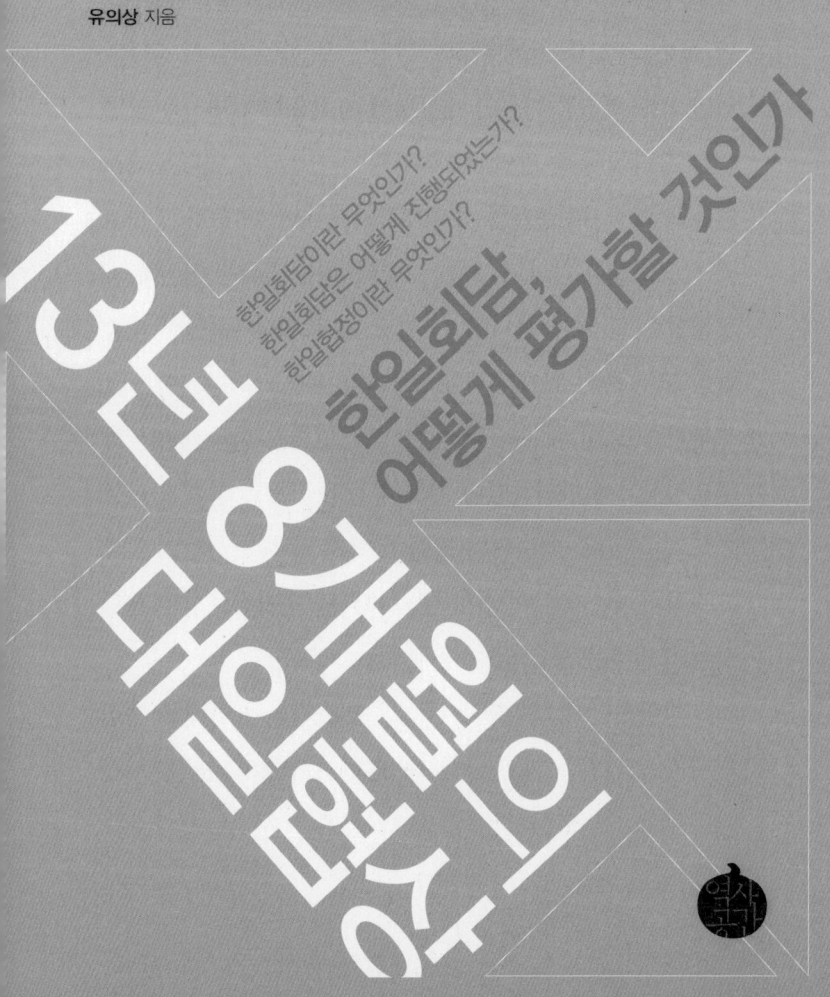

한일회담이란 무엇인가?
한일회담은 어떻게 진행되었는가?
한일협정이란 무엇인가?

한일회담, 어떻게 평가할 것인가

13년 8개월의 대일협상

머리말

한일회담 수석대표를 역임한 김유택이 남긴 글 『회상 65년』에는, 구보타 일본대표의 '망언'으로 한일회담이 중단되었던 1956년 5월 이승만 대통령이 자신을 주일대사로 임명하는 자리에서 한 말이, 다음과 같이 기록되어 있다. "내가 김유택 (한국은행)총재를 주일대사로 임명했는데 김 총재더러 국교정상화 하라고 보내는 게 아니야. 지금은 일본과 국교정상화 할 때가 아니야. 적어도 40세 이상 된 한국 사람들이 모두 죽은 뒤라야 국교정상화가 제대로 되는거야." 그로부터 10년이 채 지나지 않은 1965년 6월 한국은 일본과 국교정상화에 합의하였다. 일제강점의 고통과 상처가 아물기도 전이었다. 이승만의 말을 따르지 않은 탓이었던지 국교정상화 후 50년 이상이 지난 지금도 과거사문제는 한일관계의 발목을 잡고 있다.

한일회담이 타결되는 데에는 이승만의 예견대로 수십 년까지 걸리지는 않았지만, 총 13년 8개월이라는 긴 시간이 소요되었다. 한국 외교사에서는 물론이고 전 세계적으로도 양자 간 협상으로는 전례가 드문 오랜 기간이라 할 수 있다. 회담이 이처럼 오래 걸린 이유는 양국 간에 청구권 문제와 어업문제 등을 둘러싸고 치열한 공방이 전개되면서 교섭이 7차례나 중단되었다가 재개되는 과정을 거쳤기 때문이다. 회담에서 한국대표단은 물론 최선을 다했을 것이다. 그러나 어려운 교섭과정을 거쳐 도출해 낸 한일협정은 체결 직후부터 현재까지 주로 부정적이거나 비판적인 평가가 대세를 이루어왔다. 일본군'위안부'문제 등 과거사문제가 불거질 때마다 그 책임론의 중심에서 벗어나지 못하였으며, 2005년 8월 한일회담의 교섭과정을 기록한 한국 측 외교문서가 모두 공개된 후에도 고착화된 비판적 인식은 바뀔 기미를 보이지 않았다.

외교관으로 대일외교 현장에서 오랜 기간 근무해온 필자로서는 이러한 현상이 안타까울 수밖에 없었다. 한일회담이 진행되던 당시 우리가 처한 교섭여건이나 국제적 환경에 대한 최소한의 이해가 있었다면 조금 다른 평가가 이루어질 수 있을 텐데 하는 생각이 계속 머리에 맴돌았다. 그리하여 2016년 초에 필자는 공개된 한·일 양국의 한일회담 관련 외교문서를 정밀하게 분석하여 교섭과정과 그 결과물인 한일협정(특히 청구권협정)을 균형 잡힌 시각으로 재평가하는 『대일외교의 명분과 실리 - 대일청구권 교섭과정의 복원』을 발간하였다. 이 책을 펴내면서 기존의 한일협정에 대한 일반적인 평가에서 벗어난 새로운 시도이므로 상당한 비판이 뒤따르리라는 생각을 하였다. 그러니 실망스럽게도 별다른 반응이 없었다. 출판계 사정에 밝은 지인들에게 물어보니 누가 그런 두껍고 전문적인 책을 사서 보겠느냐는 것이었다. 고심 끝에 이 책을 간결하게 풀어쓰고 한일협정 부분을 보완하여 누구나 쉽게 읽을 수 있도록 『13년 8개월의 대일협상』이라는 교양서를 내게 되었다. 이 책을 통해 보다 많은 분들이 한일회담의 역사와 한일협정의 핵심적인 내용을 이해하고 새롭게 평가하는 계기가 되었으면 하는 바람이다.

출판업계가 어려운 상황임에도 불구하고 '교양인을 위한 역사강좌' 시리즈로 나오도록 허락해주신 도서출판 역사공간의 주혜숙 대표에게 감사의 말씀을 전한다.

2016년 12월
유의상

차례

머리말 /4

한일회담이란 무엇인가?

한일회담이란? /12
한일회담의 시작배경 /14
미군정하에서의 대일배상 추진 /16
대한민국 정부의 수립과 대일배상 추진 움직임 /20
한국의 샌프란시스코 대일강화회의 참가 무산 /24
일본과의 양자회담(한일회담) 추진 /34

한일회담은 어떻게 진행되었는가?

한일회담의 진행경과 /42
한일회담의 서막, 예비회담 /43
이승만 정권하에서의 제1~4차 회담 /47
장면 정권하에서의 제5차 회담 /70
박정희 정권하에서의 제6~7차 회담 /76

한일협정이란 무엇인가?

한일협정이란? /96
기본관계에 관한 조약 /97
청구권 협정 /100
재일한국인의 법적지위 및 대우에 관한 협정 /108
어업협정 /111
문화재 및 문화협력에 관한 협정 /117

한일회담, 어떻게 평가할 것인가?

한일회담 결과에 대한 평가 /120
한일회담에 영향을 미친 외부요인 /122
한일회담 당시 한국의 교섭 여건 /134
한국 정부가 한일회담 타결에 나선 배경 /138

맺음말 /143
부록 /148
주 /150

한일회담이란?
한일회담의 시작배경
미군정하에서의 대일배상 추진
대한민국 정부의 수립과 대일배상 추진 움직임
한국의 샌프란시스코 대일강화회의 참가 무산
일본과의 양자회담(한일회담) 추진

한일회담이란 무엇인가?

한일회담이란?

'**한일**회담'이란 한국이 36년간의 일제강점이라는 불행했던 역사에서 벗어나 국권을 회복한 후, 일본과 과거 역사를 청산하고 국교정상화를 위한 교섭을 하기 위하여 개최한 회담을 말한다. 한일회담은 한반도에서는 6·25전쟁이 한창 진행되던 시기에, 그리고 일본은 패전 후 아직 미군의 통치에서 벗어나기 전인 1951년 10월 20일에 미국의 주선으로 시작되었다. 당시 미국은 동북아시아에 냉전구도가 형성되자 한국과 일본을 결속시켜 소련·중국·북한 등 공산세력과 대항토록 한다는 전략하에 한일회담을 주선하였다. 회담은 13년 8개월에 걸쳐 일곱 차례의 중단과 재개를 반복하는 등 우여곡절을 거치면서 무려 1,500회 이상의 회의를 개최한 끝에 1965년 6월 22일

마무리되었다. 한국은 어렵고도 긴 협상 끝에 일본과 ① 기본관계에 관한 조약, ② 재산 및 청구권에 관한 문제의 해결과 경제협력에 관한 협정, ③ 재일한국인의 법적지위 및 대우에 관한 협정, ④ 어업협정, ⑤ 문화재 및 문화협력에 관한 협정 등 1개의 조약과 4개의 협정을 체결함으로써 국교정상화를 위한 발판을 마련하였다. 흔히 '한일협정'이라고 부르는 이 기본조약과 4개의 협정은 양국 국회에서 비준된 후, 1965년 12월 18일 양국 정부가 비준서를 교환함으로써 정식으로 발효되었다. 한국은 이 날짜를 기준으로 일본과 국교를 재개하였으며, 이후 한일협정을 기반으로 하는 소위 '65년 체제'하에서 일본과의 협력관계를 발전시켜 왔다.

한일회담의
시작배경

1945년 8월 15일 일제강점으로부터 벗어난 한국이 가장 먼저 원했던 것은 일본으로부터 불법적인 식민지 지배를 통해 입었던 정신적·물질적 피해에 대한 배상을 받는 일이었다. 한국은 패전 후 연합군 점령하에 있었던 일본에 대해 직접 피해배상을 요구할 수가 없었다. 따라서 일본의 연합국에 대한 배상 등 제2차 세계대전의 전후처리 문제를 논의하는 샌프란시스코 대일강화회의에 연합국의 일원으로 참가하여 일본으로부터 식민지 지배에 대한 배상을 받는 방안을 추진하였다. 그러나 이승만 대통령의 대일배상에 관한 강경한 입장이 미국의 정책, 즉 전쟁에서 패한 일본을 다시 부흥시켜 동아시아에서 공산세력의 확장을 저지하는 중심국가로 삼고자 했던 정책과 조화를 이루지 못하면서 대일강화회의에 초청받지 못하였다. 결국 한국은 대일강화회의에서 체결된 강화조약의 제4조 a)항(재산 및 채무를 포함한 청구권의 처리는 일본과의 특별협정으로 결정한다는 내용)을 근거로 미국의 주선하에 일본과 별도의 양자협의를 개최함으로써 대일배상문제를 해결할 수밖에 없게 되었다. 이렇게 시작된 양자협의가 한일회담이다.

샌프란시스코 대일강화회의

제2차 세계대전 후 연합국과 일본과의 강화조약을 체결하기 위해 1951년 9월 4일~8일간 미국 샌프란시스코에서 개최된 국제회의를 말한다. 참가국은 연합국 51개국(제2차 세계대전 후 연합국 영토로부터 독립한 국가를 포함)과 일본이었는데, 연합국 중에서 인도·유고슬라비아·미얀마·중국(국민정부)은 참가하지 않았다. 이 회의에서는 미국과 영국 안을 기초로 대일강화조약이 작성되었다. 회의 참가국 중 소련·폴란드·체코슬로바키아는 조약에 조인하지 않았으며, 한국은 회의에 초청받지 못하였다. 대일강화조약에 조인한 국가는 일본을 포함하여 49개국이다.

미군정하에서의
대일배상 추진

제2차 세계대전에서 일본이 연합국에 패함에 따라, 한반도는 1945년 8월 15일 일본의 강점(식민통치)에서 벗어났다. 그러나 곧이어 한반도의 남한 지역은 미군, 북한 지역은 소련군에 의하여 분할 점령되고 말았다. 이는 1945년 2월 미국·영국·소련의 정상들이 모여 제2차 세계대전의 전후 처리문제를 논의한 얄타회담에서 한반도를 미국·소련·영국·중국 등 4개국이 잠정적으로 신탁통치하기로 합의한 바에 따라 그 전 단계로 이루어진 조치였다. 남한[1]에는 1945년 9월 6일부터 미군이 진주하기 시작하였으며, 1948년 8월 15일 독립정부가 출범할 때까지 미군정청에 의한 군정이 이루어졌다.

미군정청은 일제강점에서 벗어난 후 혼란스러웠던 남한의 정국을 안정시키고 조기에 독립정부를 출범시킨다는 목표하에 여러 가지 조치들을 취하였다. 그중에 가장 중요하다고 할 수 있는 것이 일본 정부(군 포함) 또는 일본인들이 남한에서 철수하면서 남겨두고 간 재산을 몰수하여 미군정청에 귀속시킨 일이었다. 미군정청은 1945년 9월 25일 군정법령 제2호(「재산 이전 금지」)를 공포하여 우선 남한에 남겨진 일본의 국공유 재산을 동결하였다. 이어 12월 6일 법령 제33호(「조선 내 소재 일본인 재산권 취득에 관한 건」)를 통해 1945년 8월 9일 이후 남한 내에 있는 일본의 국공유 및 개인사유 재산을 포함한 모든 재산을 9월 25일자로 소급하여 몰수, 소유한다고 선언하였다. 당시 패전국인 일본의 전후 처리를 위해 도쿄에 설치된 연합군최고사령부(GHQ/SCAP; 이하 최고사령부)[2]가 1945년 8월을 기준으로 집계한 한반도 내 일본재산(정부·기업·개인 재산)은 부동산을 포함하여 남한이 22억 7,553만 5,422달러(당시 환율인 1달러: 15엔으로 계산할 경우 약 341억 엔), 북한이 29억 7,095만 9,614달러(약 445억 엔)였다. 이 밖에도 일본은 한반도 내에 상당한 군 재산을 보유하고 있

＼존 하지 미군정 사령관

었다. 해방 당시 한반도 내 모든 재산의 85%가 일본 소유(이 중 83%는 정부 또는 재벌 소유)였다는 주장도 있다.[3]

미군정청이 남한에 남겨진 일본재산을 몰수한 것은 남한사회의 혼란을 막기 위한 조치였으나, 남한 주민들은 한때 미국이 몰수한 재산을 해외로 반출하여 다른 연합국에 대한 배상에 사용하는 것은 아닌가 하는 우려를 갖기도 하였다. 미군정청은 결국 몰수하였던 남한 내 일본재산의 대부분[4]을 남한에 대한민국 정부가 수립된 후 한 달이 채 지나지 않은 시점인 1948년 9월 11일에 한국 정부와「재정 및 재산에 관한 최초협정」을 체결하고 한국 측에 넘겨주었다. 일본은 후일 한국과 청구권문제에 관한 교섭이 시작되면서 미국이 몰수하였다가 한국 정부에 넘겨준 자신들의 재산을 근거로 한국에 대해 소위 '역청구권(재한일본인재산청구권)'을 주장하였다.

한편, 미군정하에서 남한의 정·재계 인사들은 남한의 경제발전을 위해서는 일본으로부터 식민지배에 따른 피해배상을 받는 것이 필수적이라는 인식을 갖게 되었으며, 배상을 실현시키기 위해 일본의 전쟁배상문제를 다루는 국제회의(대일배상회의)에의 참가를 추진하였다. 1946년 2월 14일 미군정청 자문기관으로 설립된 민주의원은 남한의 대일배상회의 참가를 희망하는 성명서를 발표한 후 이를 군정청에 제출하였다. 1946년 6월 조선상공회의소는 일본의 배상 없이는 남한의 경제건설을 실현할 수 없다는 내용의 호소문을 미국 정부에 전달하였다. 민주의원의 후신으로 1946년 12월 개원한 과도입법의원도 미국·영국·중국의 국가원수에게 대일배상회의 참가를 희망하는 메시지를 전달해 줄 것을 미군정청에 요청하였다. 1947년 6월 3일 미군정청 법령(제141호)에 따라 구성된 남한 과도정부는 '대일배상문제 대책위원회'를 설치하고, 일본에 대한 배상요구를 위한 자료조사를 거쳐 1948년 4월 410억 9,250만 7,868엔의 대일배상요구액을 발표하기도 하였다. 그러나 미국은 남한의 대일배상회의 참가에 대해 부정적인 반응을 보였다. 일본의 식민지였던 남한을 일본으로부터 배상을 받을 수 있는 연합국의 일원으로 인정하지 않았던 것이다.

대한민국 정부의 수립과
대일배상 추진 움직임

미군 정하에서 남한 측 인사들이 보여주었던 대일배상 추진 의지는 1948년 8월 15일 대한민국 정부가 출범하면서 그대로 계승되었다. 대한민국의 초대 대통령으로 취임한 이승만은 주권국가로서의 면모를 갖추게 된 한국이 대일강화회의에 정식으로 참가하여 일본과 국교를 정상화하고 배상문제도 해결해야 한다는 입장을 확고히 하였다. 이승만은 한국이 대일강화회의에 참가하기 위해서는 미국의 도움을 받을 수밖에 없다는 판단에 따라, 1949년 1월 14일 도쿄에 주일한국 대표부가 설치되어[5] 초대 대사로 부임하는 정한경 박사에게 최고사령부와 이 문제를 협의하도록 지시하였다.

정한경 대사는 도쿄 도착 후 곧바로 최고사령부와 협

의를 가졌다. 최고사령부 측은 대일강화회의에의 참가를 요구하는 정한경에게 우선 한국이 일본으로부터 배상받고자 하는 내역을 1948년 4월 말까지 제출해 보라는 의견을 제시하였다. 그런데 그 내역에는 '일반배상'을 제외하고 일본에 반환을 요구하고자 하는 미술품·금괴 등 '특수품'에 관한 자료만 포함시키도록 하였다. 제외해야 할 '일반배상'의 의미가 무엇인지, 어떠한 범주까지 포함되는지에 관해서는 분명히 하지 않았다. 한국 정부로서는 미군정청이 몰수한 일본재산을 한국 측에 넘겨주었으므로 이를 감안하여 식민지 지배 배상 또는 전쟁피해 배상을 제외한 '반환적' 성격의 항목만을 제출하라고 한 것으로 해석할 수밖에 없었다. 한국 정부는 기획처 내에 설치한 '대일배상조사심의회'에서 각 부처가 조사한 자료를 정리하여 1949년 3월 15일 『대일배상요구조서(현물반환요구)』를 완성한 뒤, 4월 7일 주일대표부를 통해 최고사령부에 제출하였다. 미국의 제안대로 '현물반환요구' 자료만 제출한 것이다.

그러나 한국은 1949년 7월 18일 최고사령부로부터 매우 실망스러운 회신을 받았다. 맥아더 최고사령관 명의로 된 회신에는 대일배상과 관련된 사항은 극동위원회의 지시에 따라야 하며, 지시가 없을 경우에는 추후 연합국과 일본

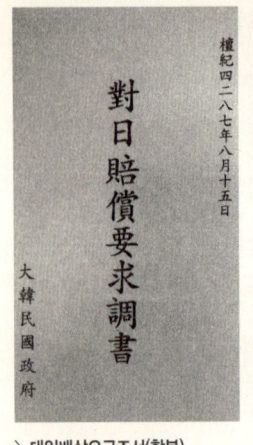
\대일배상요구조서(합본)

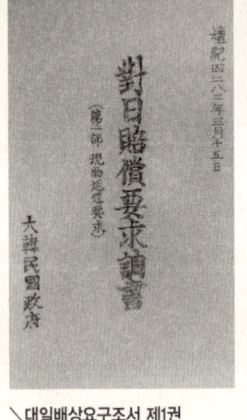
\대일배상요구조서 제1권

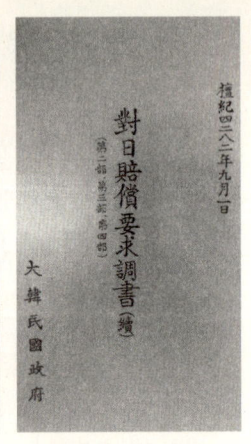
\대일배상요구조서 제2권

사이에 체결되는 대일강화조약 각 조문에 의거하여 적당한 시기에 (배상내용을) 고려할 수 있다[6]는 내용이 적혀 있었다. 한국 측이 제출한 대일배상요구 내용을 적극적으로 검토할 의사가 없음을 알려왔던 것이다.

한국 정부는 미국의 이러한 냉담한 반응과는 상관없이 『대일배상요구조서』 작성 작업을 계속하여, 1949년 9월 1일 '현물반환요구' 『조서』의 속편 형식인 제2권을 완성시켰다. 제2권에는 '확정채권', '중일전쟁 및 태평양 전쟁에 기인하는 인적·물적 피해' 및 '일본 정부의 저가 수탈에 의한 피해'에 관한 내용이 담겨졌다. 속편인 제2권을 발간하면서

'현물반환요구'가 담긴 최초의 『조서』는 제1권이 되었다. 이 『조서』 1권과 2권은 1954년 8월 15일 한 권으로 합쳐져 다시 발간되었는데, 내용은 그대로 유지되었다. 『대일배상요구조서』는 후일 한일회담의 청구권문제 교섭에서 한국이 일본에 제출한 '대일청구요강안'의 기초가 되었다는 점에서 매우 중요한 자료라고 할 수 있다. 한국 정부가 이 『조서』를 통해 작성한 대일배상요구 총액은 현물반환 요구분을 제외하고, 314억 97만 5,303엔이며, 여기에 400만 상하이불이 추가되었다. 이 액수를 해방 직후의 환율인 1불=15엔으로 계산하면 약 20억 불이 된다.

극동위원회

1945년 12월 27일 미국, 영국, 소련이 참석한 모스크바 삼국외상회의의 결정에 의하여 워싱턴에 설치되었고, 주로 패전국인 일본의 처리문제에 관해 논의하였다. 처음에는 이들 3개국과 중국·프랑스·네덜란드·오스트레일리아·뉴질랜드·인도·필리핀 등 11개국이 참가하였으나, 1949년 11월 17일 미얀마와 파키스탄이 추가되었다. 극동위원회는 미국과 소련의 의견 대립이 심해지면서 그 활동도 차차 부진해졌으며, 점령정책은 실질적으로 미국 정부 및 연합군최고사령관의 의사로 거의 결정되었다. 이 위원회는 1952년 4월 28일 샌프란시스코 대일강화조약의 발효와 함께 소멸되었다.[7]

한국의 **샌프란시스코 대일강화회의** 참가 **무산**

이승만 정부는 일본에 요구하게 될 배상의 내용이 담긴 『대일배상요구조서』를 작성하는 한편, 미국에 대해서는 대일강화회의에의 참가를 위한 외교적 노력을 계속 기울였다. 회의에 참가하여 일본으로부터 식민지 지배 피해에 대한 배상을 받아낸다는 이승만의 생각에는 변함이 없었다. 미국은 연합국 지위를 인정하지 않은 남한을 대일강화회의에 참석시키지 않는다는 입장에 따라, 1947년 3월부터 시작된 샌프란시스코 대일강화조약 초안 작성과정에서도 남한의 조약 서명국 참가를 고려하지 않았었다. 그런데 이러한 입장을 바꾸어 1949년 12월 29일의 조약 초안 작성 때부터 한국의 서명국 참가를 긍정적으로 검토하기 시작하였다. 조약 초안의 전문(前文)에 열거한 조약 당사국 명단에 한국을 포함시킨 것이다. 미국 정부의 입장이 바뀌게 된 것은 이승만 정부의 지속적인 요청에 따른 존 무쵸(John J. Mucio) 주한대사의 건의가 주효했기 때문인 것으로 보인다.

\ 존 무쵸 초대 주한미국대사

1949년 11월 23일 미국무부는 무쵸 대사에게, 국무부가 일본에 대해 선전포고를 했거나 교전상태에 있었던 국가들을 조약 당사국으로 하는 문제를 검토 중이라면서, 한국 국내 정치상의 고려, 조약교섭에의 영향이라는 측면에서 한국의 대일강화조약 참가(조약 교섭 참가 및 조약 서명)에 관한 대사의 견해를 묻는 전문을 보냈다.[8] 이에 대해 무쵸는 12월 3일, 한국이, 일본이 남기고 간 재산 이외에 추가적으로 배상요구를 하지 않고, 강화회의에는 교섭 당사국 자격이 아닌 자문 역으로 참가한다는 것을 전제조건으로 하여, 한국의 서명국 참여를 강력하게 건의하였다. 무쵸는, ① 한국이 일본과의 교전상태에 있었으며, ② 한국이 대일강화회의에서 완전히 배제될 경우 한국 정부의 위신에 치명적인 손상이 가해져 한국의 위상을 강화시키고자 하는 미국과 유엔의 입장이 후퇴하는 것으로 비추어질 수 있고, ③ 한일 간 문제는 양자협의보다는 국제적인 협의의 틀을 통해 보다 수월하게 해결될 수 있을 것이라는 논리를 제시하였다.[9]

무쵸의 건의를 받아 미국무부가 12월 12일 작성한 「한국의 대일강화조약 참가」 제하 문서에는 한국이 승인받은 적 없는 임시정부의 대일 선전포고를 근거로 조약 참여를 주장하고 있는 점, 식민지 지배에 대한 배상까지 요구하고 있는 점을 부정적으로 평가하면서도, "한국의 주장은 36년 간 일제의 지배에 따른 특별한 것이고 북한을 제외한 한국만을 참가시킴으로써 한국의 과도한 요구를 막을 수 있다는 관점에서 한국의 요구를 조약에 반영하고 참가 자격을 부여해도 무방할 것"이라는 의견이 기록되었다.[10] 한국의 강화조약 서명국 참가를 긍정적으로 생각하는 미국의 입장은 이때부터 1951년 4월까지 1년 4개월 정도 유지되었다. 존 덜레스(John F. Dulles) 미국무장관 특별고문은 도쿄에서 1951년 1월 26일 한국의 총리로 임명되어 귀국길에 오른 장면 주미대사를 만나 한국의 대일강화회의 참가를 지지한다는 입장을 명시적으로 밝혔다.[11] 그러나 덜레스가 이러한 입장을 표명한 이유가 한국을 연합국의 일원으로 인정하였거나 한국의 대일배상요구를 받아들였기 때문이 아니라는 점에 유의할 필요가 있다. 미국은 공산세력과 맞서 싸우고 있는 한국의 국제적인 지위 강화를 위한 목적으로 한국의 강화회의 참가를 고려했다고 보는 것이 타당하다.

일본은 한국의 대일강화회의 참가에 대해 처음에는 반대하였다. 한국이 (식민지로부터) 해방된 국가이며, 일본과의 교전국이 아니었다는 점과, 한국이 조약의 서명국이 되면 (그 대부분이 공산주의자인) 100만 명 이상의 재일한인이 연합국 국민으로서 재산과 보상을 받을 권리를 얻게 된다는 점을 우려[12]하였기 때문이다. 일본의 이러한 주장에 대해, 미국은 재일한인이 강화조약에 의해 일본 국내에서 연합국인의 지위를 취득하지 않는다는 조건을 제시하면서 한국의 서명국 참가에 동의하도록 일본을 설득하였다. 미국의 계속된 설득에 일본은 결국 입장을 바꾸어 미국이 제시한 조건을 전제로 한국 정부의 참가에 동의하였다.

한편, 샌프란시스코 대일강화조약의 조문 작성과정에서 미국과 함께 중요한 역할을 수행했던 영국은 시종일관 한국의 참가를 반대하였다. 영국이 한국의 참가에 반대한 이유는, ① 연합국으로부터 승인받지 못한 중국 공산당 정부의 참가가 좌절되었는데, 마찬가지로 승인받은 적이 없는 상하이임시정부를 근거로 한국이 참가하는 것은 타당치 않다는 점과 함께, ② 6·25전쟁에 공산 중국군이 참전하게 되자 38선을 경계로 하여 즉각 휴전을 해야 한다고 주장한 애틀리(Clement Attlee) 영국 총리와 휴전을 반대하는 이승만 대통령 간에 불화가 있었고, ③ 소련을 주축으로 하는 공산 블록으로부터 승인받지 못한 한국이 서명에 참가할 경우 이들의 반대로 인해 조약 체결이 늦어질 것에 대한 우려가 있었기 때문이다.[13] 애틀리 영국 총리는 사회주의자로서 1950년 1월 서방국가로서는 최초로 중국 공산 정부를 승인하는 등 공산 중국에 대해 유화적인 입장을 취했던 인물이다.[14]

영국의 반대에 부딪힌 미국은 한국의 계속된 참가 요청에도 불구하고 결국 한국을 강화조약 서명국에 참가시키지 않는 것으로 입장을 바꾸었다. 미국의 최종 입장이 한국을 참가시키지 않는 쪽으로 다시 선회한 것은 영국의 반대도 작용했겠지만, 일본의 식민지 지배에 대한 배상을 요구하는 한국의 입장이 미국의 대일 유화정책과 부합하지 않았기 때문이라고 보는 것이 보다 타당하다. 이승만과의 오랜 교류를 통해 그의 고집과 독선을 잘 알고 있었던 미국으로서는 이승만의 강경한 입장을 부담스럽게 느꼈을 것이다. 한국이 서명 당사국으로 회의에 참석할 경우 대일배상 문제를 거론함으로써 회의의 원활한 진행을 방해할 수도

샌프란시스코 강화조약 체결 장면(1951년 9월 8일)

있다는 우려를 가지고 있었는지도 모른다.

이승만 대통령이 대일강화조약 서명국으로 참가하여 일본으로부터 배상을 받아야 한다는 주장을 굽히지 않은 것은, 처음에는 배상을 받아낼 다른 방도가 없었기 때문이다. 그러나 미국의 정책이 일본을 부흥시키는 쪽으로 방향이 바뀐 이후에도 계속해서 강경 기조를 유지한 것은 미국에 대한 협상력을 높이기 위한 전술적 차원의 조치였다고 보아야 할 것이다. 왜냐하면, '외교의 신'으로까지 불리던[15] 이승만이, 당시의 국제정세의 흐름, 즉 대일강화조약에 일본의 식민지 지배에 대한 배상 조항을 포함시키는 것이 불가능하다는 점을 읽지 못했을 리가 없기 때문이다. 그는 한편으로는 강화조약 서명국 참가를 계속 추진하면서도, 다른 한편으로는 강화조약안이 완성되기 두 달 전부터 이미 일본과의 직접 교섭을 통해 배상문제를 해결해야 한다는 생각을 하고 이에 관한 전략을 구상하기 시작하였다. 이승만은 1951년 6월 주일대표부에 최고사령부와 일본 정부에 대해 한일회담 개최를 공식 제의하라는 지시를 내렸다. 이승만은 한국을 대일강화조약 서명국으로부터 제외한다는 미국의 방침이 확정되자, 그 반대급부로 조약에 일본의 재한재산 포기를 확인하는 조항(제4조 b)항)과 일본과의 양자협의를 개최할 수 있는 근거(제4조 a)항)를 추가해 줄 것을 미국에 강력히 요구하였고, 결국 성사시켰다. 미국으로서도 대일강화조약 서명국에서 제외된 한국을 어느 정도는 배려해 줄 필요가 있었던 것이다.

『대일배상요구조서』(합본)의 주요 내용[16]

『대일배상요구조서(합본)』 서문에는 "우리 대한민국의 대일배상청구의 기본정신은 일본을 징벌하기 위한 보복의 부과가 아니고, 희생과 회복을 위한 이성적 권리의 요구이다"라는 전제하에, "대일배상은 ① 포츠담선언, ② 연합국의 일본 관리 정책, ③ 포레(Pauley) 배상사절보고서에 근거를 두고 있다"는 내용이 명기됨으로써 한국의 대일배상요구가 정당한 것임을 분명히 하였다. 일본 측에 요구하는 배상의 내용은 현물(제1부), 확정채권(제2부), 중일전쟁 및 태평양전쟁에 기인하는 인적·물적 피해(제3부), 일본 정부의 저가수탈에 의한 피해(제4부)로 구분되어 있다.

제1부 '현물' 부분은 ① 금(金), 지금(地金), 금화(金貨), ② 지은(地銀), ③ 서적, ④ 미술품 및 골동품, ⑤ 선박, ⑥ 지도 원판, ⑦ 기타로 되어 있다. 이 중 지금(地金)은 조선은행 통계에 따라 1909년부터 1945년까지 조선에서 생산된 지금의 총량이 약 407톤이며, 그중에 조선은행을 경유, 일본에 반출된 것이 약 250톤(61.3%)인데 그 대금으로 한국이 받은 5억 6,327만 2,881엔을 일본에 반환하는 대신 지금을 현물로 반환해 줄 것을 요구하였다. 지은(地銀)에 대해서는 조선은행이 북지(北支)연합준비은행에 준 차관 담보로 일본은행이 보관하고 있던 지은 약 21.5톤과 1909년부터 1945년까지 조선은행을 경유하여 일본에 반출된 지은 약 67.6톤의 결제대금인 일본국채를 일본에 반환하는 대신 현물반환을 요구하고 있다.

제2부 '확정채권'은 "전쟁의 승부와는 하등 관련이 없는 단순한 기성 채권·채무관계로서, 배상문제와는 본질적으로 아무런 관련이 없고, 우리가 절대로 관철하지 않으면 안 되는 요구이며, 권리이다"라는 인식하에 각종 통계가 집계되었다. 확정채권의 총액은 174억 2,936만 2,305엔이며, 그 내역은 ① 일본계 통화, ② 일본계 유가증권, ③ 상하이 달러화, ④ 보험금, 은급(공무원 퇴직연금), 기타 미수금, ⑤ 체신관계 특별회계(우편환, 우체국저금, 간이보험)로 되어 있다.

제3부 '중일전쟁 및 태평양전쟁에 기인하는 인적·물적 피해'는 "일본의 과거 36년간의 지배를 비합법적 통치로 낙인(烙印)하는 동시에 그 기간에 피해 입은 방대하고도 무한한 손실에 대하여 배상을 요구할 수도 있으나 이는 대일배상요구 기본정신에 비추어 불문에 부치며, 다만 중일전쟁 및 태평양전쟁 기간 중에 한하여 직접 전쟁으로 인하여 받은 인적·물적 피해만을 조사하여 요구한다"는 취지의 설명과 함께, 총액 121억 2,273만 2,561엔을 요구하였다. 이 중 인적 피해 부분은 피동원 한국인의 등록자 수를 총 105,151명으로 하고(미군정청 보건후생부에 1946년 3월 1일부터 9월 말까지 등록된 숫자에 기초한 것으로, 숫자 뒤에 의문부호를

달아 이 숫자가 정확하지 않을 수 있음을 표시), 이 중 사망자는 1만 2,603명으로 집계하였다. 피해금액 계산은 사망자 조의금 1인당 5,000엔(신고액 평균), 사망자 장례비 1인당 100엔(신고액 평균), 유가족 위자료 1인당 1만 엔(신고액 평균), 상이자 및 일반 노무자 위자료는 상이자가 1인당 5,000엔, 일반 노무자가 1,000엔이었다. 기타 부상자 상이수당, 퇴직수당 총액, 상여금 총액, 현금 기타 보관금, 미수임금, 가정송금액, 징용기간 연장수당액 등을 포함하여 합계가 5억 6,512만 5,241엔이었다.

제4부 '일본 정부의 저가수탈에 의한 피해'는 주로 강제공출에 의한 손해로 그 피해액수는 18억 4,888만 437엔이다.

일본과의 양자회담
(한일회담) 추진

일본과의 양자회담, 즉 한일회담은 한국이 대일강화조약의 서명국 참가가 좌절되자 그 대안으로 이 조약의 제4조 a)항에 근거하여 미국의 협조를 받아 추진하게 된 것이다.

이승만 대통령의 지시에 따라 1951년 6월 주일한국 대표부는 최고사령부와 일본 정부에 일본과의 양자회담 개최를 제의하였다. 한국의 제의를 접한 미국은 검토 끝에 10월 8일부터 양국 간 회담을 개최하는 방안을 8월 16일 한일 두 나라에 제시하였다. 회담 의제는 '재일한인의 법적지위'로 한다는 것이었다. 그러나 회담 개최를 먼저 제의하고서도 미처 준비를 갖추지 못한 한국은 회담 개최일의 연기와 함께 회담 의제를 한일 양국 간 모든 현안으로 확대할 것을 요구하였다. 최고사령부 외교국은 일본과의 협의를 거쳐 타협안으로, 의제는 '재일한인의 법적지위'와 함께 '한일 간의 현안에 관한 의제 확대와 장래의 한일교섭의 방법과 절차'로 하고, 개최 시기는 10월 20일로 하며, 미국은 참관인(observer) 자격으로 회담에 참가하는 방안을 한국 측에 다시 제의하였다. 한국 측은 회담의 주제가 현안 전체로 확대되어야 함을 다시 한 번 강조하면서 미국의 수정 제의를 받아들임으로써 10월 20일부터의 회담개최가 확정되었다.

일본은 한국이 샌프란시스코 대일강화조약의 서명 당사국이 되지 못하자 1951년 9월 4일, 한국과 단독으로 강화조약을 체결할 필요성을 느끼지 않으며, 한국 정부를 승인하기만 하면 된다는 내용의 성명을 발표하였다.[17] 그러

샌프란시스코 대일강화조약
제4조 a)항 중 한일회담 개최의 근거가 된 부분

제4조 a) 이 조의 b)항을 전제로 하면서, 제2조[한국 독립 승인]와 제3조에서 언급된 지역에 있는 일본 및 일본인의 재산과 상기 지역을 현재 관리하는 당국 및 그 주민(법인 포함)에 대한 일본 및 일본인의 채무를 포함한 청구권의 처리, 그리고 상기 당국 및 주민의 재산과 일본 및 일본인에 대한 채무를 포함한 청구권의 일본에 있어서의 처리는 일본과 상기 당국 간의 특별한 협정에 의해 결정한다.[18]

던 일본이 한국과의 양자회담에 응하게 된 것은 패전과 더불어 일본에 남게 된 재일한인문제를 해결할 필요가 있었기 때문이다. 당초 한국의 대일강화조약 서명 참가에 반대했던 일본이, 재일한인은 연합국 국민의 지위를 획득할 수 없다는 취지가 조약에 반영된다면 한국의 참석을 굳이 반대하지 않겠다고 할 정도로 재일한인문제는 일본에게 심각한 해결과제였다.[19] 제2차 세계대전 종료 당시 일본에 체류 중인 한인은 200만 명을 넘었다. 이들 중 해방 직후 3분의 2 이상이 귀국했으며, 1946년 3월 최고사령부가 추정한 일본 내 잔류 한인은 64만 명이었다.[20] 당초 최고사령부가 예상했던 것보다 많은 인원이 일본에 남게 된 것은, 귀국하는 한인들이 1인당 1,000엔과 개인소지품만을 갖고 갈 수 있도록 허용되었기 때문이다.[21] 일본 내에 재산이 있던 한인은 귀국을 포기할 수밖에 없었다. 또한 한국 국내의 정치적 혼돈이 이들의 귀국을 주저하게 만들었다.

전쟁 종료 후 미국은 일본 내 한인을 일본인으로 보지 않는 '해방된 민족(liberated people)'으로 분류하였다. 그러나 실질적으로는 일본 식민지하에서 연합군에 대항하여 싸운 한인들이 많았다는 점에서, 최고사령부가 재일한인들을 적국 국민으로 간주하는 것을 용인하였다. 그러다가 한국으로 귀국하지 않고 일본에 잔류하는 숫자가 생각보다 많게 되자, 1946년 5월 이들을 한국에 정부가 수립되어 한국 국적을 취득할 때까지 잠정적으로 일본인으로 취급하는 정책으로 바꾸었다. 한인을 외국인으로 분류할 경우 미국의 지원으로 이루어지는 식량배급의 양이 많아질 뿐더러, 이들이 '조련(朝連: 재일본조선인연맹)'을 중심으로 한 좌익세력 주동의 폭력시위에 가담하는 경우가 많아 이를 통제하기 위해서라도 일본인으로 취급할 필요가 있었다. 그러나 이 정책이 한인들은 물론 일본 정부로부터 반발을 불러일으키자 결국 미국은 재일한인을 중국인, 타이완인, 류큐인(琉球人)과 함께 '비(非)일본인(특수지위의 국민, special status nation)'의 개념으로 분류한 뒤, 이들을 모두 고국에 돌려보낸다는 계획에 따라 최고사령부에 다시 등록토록 하였다. '특수지위의 국민'은 일본인은 아니지만 그렇다고 확정적으로 외국인으로도 볼 수 없는, 일종의 특수한 지위를 가진 국민이란 개념이었다.[22] 이 등록 결과에 따르면, 64만 명의 잔류 한인 중 51만여 명이 남한 귀환을 희망하였다. 그러나 이 중 약 14만 명만이 귀국하고 결국 일본에 남게 된 한인은 50여 만 명 선이 되었다.[23]

이와 같은 일본 입장을 간파한 도쿄의 최고사령부 외

교국은 의제를 '재일한인문제'에 국한시켜 한일 간 양자교섭을 개시하도록 미국이 나설 필요가 있다고 국무부에 건의하였다. 1951년 7월 4일에 한국에 있는 무쵸 대사도 이승만 대통령과의 협의하에 한일 간 양자협의 개최를 건의한 바 있었다. 무쵸 대사와 시볼트(William J. Sebald) 최고사령부 외교국장으로부터 한일 양자 간 직접교섭 건의를 받은 미국무부는, 양국의 입장 차이에 고민하였다. 한국은 미국의 주선 하에 일본과의 모든 현안을 해결하기를 희망하였고, 일본은 재일한인문제만의 해결을 희망하였던 것이다. 국무부는 고심 끝에 8월 15일 의제를 '재일한인의 법적지위'에 국한한 양자협의 개최를 승인하였다. 미국무부는 시볼트 국장에게 교섭에 참관인으로 참가하고 직접적인 간섭은 하지 말라는 지침을 보냈다. 시볼트는 8월 16일 일본 정부에 대해서는 '재일한인의 법적지위'로 의제를 한정한 한일회담을 받아들일 것을 권하였고, 주일한국 대표부에 대해서는 최초 회담은 '재일한인의 법적지위'에 관한 협의로 제한될 것이며, 회담 개시일은 10월 8일이 될 것이라고 통보했다. 이후 회담 일자가 한국 측의 요청에 따라 10월 20일로 연기되었음은 앞에서 서술한 대로이다.

미국이 한일 양자회담의 개최에 적극적으로 나서게 된

트루먼 미국 대통령(왼쪽), 요시다 일본 총리(오른쪽)와 함께 있는 윌리엄 시볼트 최고사령부 외교국장

배경은 냉전 대응전략의 일환으로 추진해온 동아시아지역에서의 '지역통합구상'인 '샌프란시스코 체제'[24]를 완성하기 위해서라고 보는 것이 타당하다. 미국은 샌프란시스코 대일강화조약에서 배제된 한국을 '샌프란시스코 체제'에 편입시킬 필요가 있었다. 한국이 일본과 양자협의를 통하여 정치·경제적으로 협력을 강화하고, 일본과 타이완 간 평화조약이 체결된다면, 일본을 중심으로 하는 동아시아에서의 방공 세력망 구축이 어느 정도 완성될 것으로 생각하였던 것이다. 이와 함께 미국은 일본이 강력히 희망하고 있는 재일한인문제의 조속한 처리를 위해서도 한일 양국이 직접

교섭을 시작해야 한다는 인식을 갖고 있었다. 미국무부는 처음에는 전면에 나서서 한일 양국을 중재하는 방안을 검토하였다. 그러나 시볼트는 "양국이 독립적으로 문제를 해결할 기회를 주지 않고 미국이 간섭하는 것은 선의보다 오해를 낳게 될 것"이라는 입장을 표명하였다.[25] 무쵸 또한, "미국의 참관인으로서의 참가는 필요하겠지만 그것은 한일 양국의 독립적인 행동을 고무시키는 것이어야 하며 교섭 타결을 위해 중재적인 역할이 필요하다고 판단될 때까지 간섭하지 않는 것이 좋겠다"고 진언하였다.[26] 미국무부는 이들의 의견을 받아들여 참관인으로서의 참가로 방향을 선회하게 되었다.

한일회담은 어떻게 진행되었는가?

- 한일회담의 진행경과
- 한일회담의 서막, 예비회담
- 이승만 정권하에서의 제1~4차 회담
- 장면 정권하에서의 제5차 회담
- 박정희 정권하에서의 제6~7차 회담

한일회담의 진행경과

한일 회담은 1951년 10월 20일 예비회담을 시작으로 1965년 6월 22일 제7차 회담에서 최종 타결에 이르기까지 총 13년 8개월간 진행되었다. 회담이 이렇게 오래 걸린 것은 한국이 가장 중요시 하던 청구권문제와 일본이 역점을 두었던 어업 및 '평화선' 문제에 관한 협상이 어려움을 겪으면서 회담이 중단과 재개를 반복하였기 때문이다. 제3차 회담이 구보타 일본 대표의 '망언'(식민통치는 한국에 유익했다 등의 내용)으로 결렬된 후 제4차 회담이 개최되기까지는 무려 4년 6개월이라는 세월이 걸리기도 하였다. 다음에서는 이승만·장면·박정희 정권하에서 진행된 회담별로 우리가 꼭 알아야 할 회담의 진행경과를 살펴보기로 한다.

한일회담의 서막, 예비회담

역사적인 한일회담의 서막을 여는 예비회담은 1951년 10월 20일 도쿄에 있는 최고사령부 회의실에서 시작되어 그해 12월 4일까지 총 10차례 개최되었다. 한국은 양유찬 주미대사가, 일본은 이구치 사다오(井口貞夫) 외무차관이 수석대표를 맡았다. 최고사령부 측에서는 시볼트 최고사령부 외교국장이 참관인 자격으로 참석하였다. 회의의 공식 언어는 영어였다. 양유찬 주미대사가 수석대표가 된 이유는 일본을 전혀 모르기 때문에 선입견 없이 공정을 기할 수 있고, 영어회화가 유창하므로 일본을 움직이고 있던 최고사령부와의 막후 접촉이 용이할 것이라는 이승만 대통령의 판단[27]이 있었기 때문이다.

차후 진행될 본회담을 위한 준비회의의 성격으로 시작

된 예비회담은 한국과 일본의 입장 차로 인하여 처음부터 어려움을 겪었다. 한국은 회담 의제를 확대하여 조속한 시일 내에 일본의 식민지 지배 배상문제를 포함한 양국 간 제반 현안을 토의할 수 있도록 하는 것이 주된 관심사였던 반면, 일본은 예비회담에서는 재일한인의 법적문제만 토의하고, 본격적인 회담은 가급적 뒤로 미루기를 원하였기 때문이다. 일본으로서는 1952년 4월로 예정된 샌프란시스코 대일강화조약의 발효로 주권이 완전히 회복된 후에 보다 유리한 입장에서 한국과 본격적인 회담을 하기를 원했던 것이다. 결국 한국의 요청에 따른 미국의 주선으로 양측은 11월 28일 예비회담 제9차 회의에서 본 회담의 5개 의제인 국교문제, 재일한인 법적지위문제, 청구권문제, 어업문제 및 기타 해저전선, 통상·항해 문제 등을 확정짓고, 1952년 2월 중순에 본회담을 개최하기로 합의하였다. 여기서 주목해야 할 사항은 일본의 식민지 지배 피해배상과 관련한 의제가 '청구권문제'로 설정되었다는 점이다. 이에 관해서는 뒤에 다시 논의하도록 하겠다.

이승만 대통령은 예비회담이 종료되고 한 달 정도 지난 시점인 1952년 1월 18일, 한국의 해양주권을 200해리까지로 하는 '대한민국 인접 해양의 주권에 대한 대통령 선

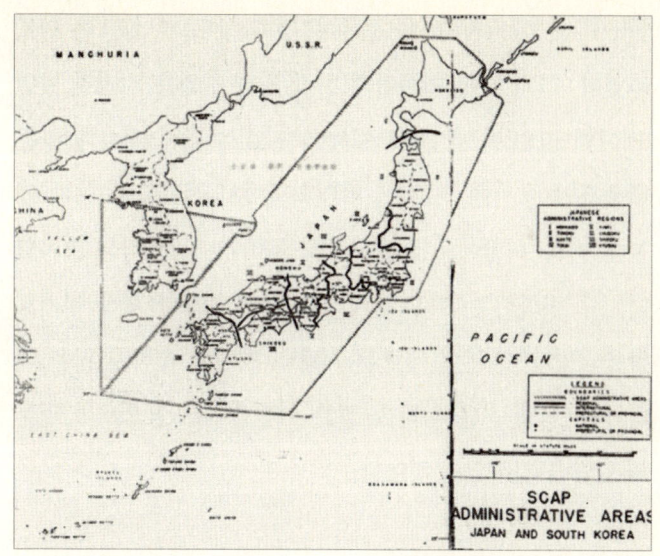
맥아더 라인 (출처: USC Digital Library)

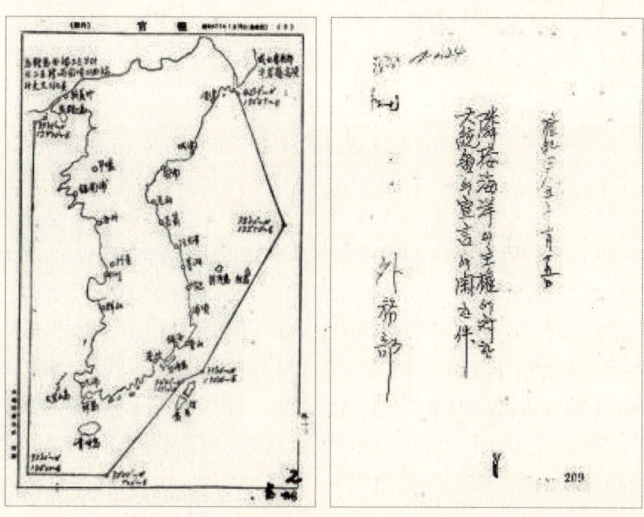
1952년 1월 18일 선포된 평화선이 게재된 관보와 외무부의 국무회의 보고자료
(출처: 국가기록원)

언'(국무원 고시 제14호)을 통하여 '평화선(이승만 라인)'을 선포하였다. 그간 일본 어선들의 한국 영해 진입을 저지해 왔던 '맥아더 라인'이 대일강화조약의 발효로 폐지되는 데 따른 대응책인 동시에, 일본이 한일회담에서 성의를 보이지 않음에 따라 회담에서의 협상력을 높이기 위해 취한 조치였다. 이 '평화선'은 이후 한국 대표단의 중요한 협상 무기로 활용되었다. 일본이 결렬된 회담의 재개에 응하지 않을 때 한국은 '평화선'을 침범한 일본 어선을 나포함으로써 일본에 압박을 가하였던 것이다.

'맥아더 라인'과 '평화선(이승만 라인)'

'맥아더 라인'은 제2차 세계대전 종결 이후 연합군최고사령부 지령인 SCAPIN (Supreme Commander of the Allied Powers Instruction) 1033호에 의해 일본의 어업 및 포경업 인가 구역을 표시하기 위하여 설정한 선이다. 이 선은 독도를 한국 영토로 표시하였으며, 1952년 4월 28일 샌프란시스코 강화조약의 발효로 폐지되었다. 이승만 대통령은 '맥아더 라인'의 폐지에 따라 일본 어선들이 한국 연안에서 무분별한 조업을 할 것에 대비하고 한일회담에서의 협상력을 높이기 위해 1952년 1월 18일 '평화선'을 선포하였다.

이승만 정권하에서의
제1~4차 회담

예비회담 종료 후 2개월여가 지난 1952년 2월 15일 일본 외무성 회의실에서 한일회담 본회담이 시작되었다. 한국은 예비회담에 이어 양유찬 주미대사가 제1차 회담의 수석대표를 맡았으며, 일본은 전쟁 전에 함흥에 거주한 적이 있어 한국에 대한 이해가 높을 것이라는 기대 속에 마쓰모토 슌이치(松本俊一) 외무성 고문이 수석대표를 맡았다. 최고사령부 측은 본회담이 시작되면서부터 참석하지 않았다. 회담은 본회의와 함께 예비회담에서 이미 시작된 재일한인법적지위위원회, 선박위원회와 새로이 설치하기로 합의된 기본관계위원회, 재산 및 청구권문제위원회, 어업위원회 등 총 5개의 분과위원회 회의를 개최하는 방식으로 진행되었다. 이 5개의 의제별 분과위원회 개최 방식은 그 명칭에 다소 변화가 있긴 하였으나 이후 한일회담이 종료될 때까지 계속 이어졌다.

본회담이 시작되면서 한국이 가장 중요시했던 사안은 두말할 필요도 없이 청구권문제였다. 한국은 그간 일본에 대해 식민지 지배에 따른 피해배상을 요구하는 입장을 견지해 왔으나, 한일회담의 시작과 함께 이 문제를 청구권문제로서 교섭해 나간다는 방침을 세웠다. 예비회담에서 이미 본회담 의제를 '청구권문제'로 하기로 합의한 바 있는 한국은, 제1차 회담에서 일본 측에 대해 "우리들이 일본 정부에 요구하는 것은 단지 우리들의 청구의 이행과 법적으로 우리에게 속한 재산의 반환이다"(제1차 본회의), "36년간의 식민통치에 대한 배상요구가 아닌, 법적으로 한국에 소속되어 있는 것들에 대해서만 청구하려한다"(청구권위원회 제1차 회의)는 입장을 통보하였다.

그렇다면 한국 정부의 입장이 이처럼 바뀐 이유는 무엇일까? 한국이 당사국으로 참가하려다 실패한 샌프란시스코 대일강화조약에는 일본의 식민지 지배에 대한 배상규정이 전혀 포함되지 않았으며 전쟁 배상 책임마저도 최소화되었다. 이 조약 체결을 주도했던 미국은 일본의 배상 부담을 줄이고 경제를 다시 부흥시킴으로써 일본이 동아시아

지역에서 공산세력 확산을 저지하는 역할을 수행해 주기를 희망하였기 때문이다. 한국의 대미교섭 결과로 강화조약에 포함된 제4조 a)항, 즉 한일회담 개최의 근거가 된 이 조항에는 "일본 및 일본인에 대한 채무를 포함한 청구권"이라는 표현이 사용됨으로써 피식민지였던 한국과 일본 간에 청산해야 할 문제는 어디까지나 '청구권(채무관계 포함)'으로 해결하게끔 되어 있었다. 미국은 애초부터 한일회담의 장애가 될지도 모르는 한국의 식민지 지배 배상요구에 대해서는 이를 인정하지 않는 입장을 취하였던 것이다. 당시 한국은 공산세력과 전쟁 중이었으며, 이 전쟁에는 미국을 주축으로 하는 유엔군이 한국을 돕기 위하여 참전하고 있었다. 따라서 미국의 한국에 대한 영향력은 절대적일 수밖에 없었다. 결국 한국 정부는 이와 같은 국내외 정세와 여건을 고려하여 미국의 정책에 반하는 일본에 대한 식민지 피해배상요구 방침을 수정한 것이라고 이해해야 할 것이다.

한국은 제1차 회담에서 법적으로 일본에 요청할 권한이 있다고 판단한 항목만을 담은 '대일청구권요강안'[28]을 일본 측에 제시하였다. 한국 정부는 1949년 9월 완성한 『대일배상요구조서』를 기초로 이 요강안을 작성하였으며, 『조서』에 포함되었던 '일본 정부의 저가수탈에 의한 피해' 등 식민지 지배에 대한 배상으로 여겨질 수 있는 내용은 제외하였다. 요강안을 살펴보면 한 가지 특기할 만한 사항으로 한국이 청구권의 발생시점을 일제의 강점에서 실질적으로 벗어난 1945년 8월 15일이 아닌 8월 9일을 기준으로 하였음을 알 수 있다. 남한의 미군정청이 일본재산 몰수를 위하여 공포한 군정청령 제2호(재산 이전 금지) 및 제33호(조선 내 소재 일본인 재산권 취득에 관한 건)에 동결 또는 몰수하는 재산의 기준일이 8월 9일 이후로 되어 있는데, 한국 정부도 이를 따른 것으로 보인다. 1945년 8월 9일은 일본이 조건부로 포츠담선언을 수락한 날짜이다. 이 요강안은 1965년 6월 22일 청구권협정이 타결될 때까지 청구권문제 교섭의 핵심이 되었다.

한국의 '대일청구권요강안'에 대항하는 의미로 일본은 한국에 남겨두고 온 재산, 특히 사유재산을 주된 근거로 하여 재한일본재산에 대한 역청구권을 주장하였다. 일제강점에서 벗어난 한국을 떠나게 된 일본인들은 미군정청에 의해 들고 갈 수 있는 짐 이외에 1인당 1,000엔만 갖고 가도록 허용되었다. 이에 따라 많은 개인재산들이 한국에 남겨졌다. 한국에 남겨진 일본재산은 국·공유 재산은 물론 사유재산까지 모두 미군에 의해 몰수되었다가 한국 정부 수립 후 한국 측에 이양되었음은 앞서 설명한 바와 같다. 일본의 역청구권 주장은 한국의 청구권 주장에 대항하는 의미가 컸다고 할 수 있다. 하지만, 그 이면에는 패전 후 재정적으로 여유가 없던 일본 정부가 개인재산을 남겨둔 채 귀국한 자국민들로부터의 보상요구를 무마하기 위한 명분으로 제기한 측면도 있음을 이해할 필요가 있다. 일본의 역청구권 주장에 대해 한국은 강력하게 반발하였다.

대일청구권요강안

① 한국에서 가져간 고서적, 미술품, 골동품, 기타 국보, 지도 원판 및 지금(地金)과 지은(地銀)
② 1945년 8월 9일 현재 일본 정부의 대조선총독부 채무
③ 1945년 8월 9일 이후 한국으로부터 이체 또는 송금된 금원(金員)
④ 1945년 8월 9일 현재 한국에 본사(점) 또는 주 사무소가 있는 법인의 일본 내 재산
⑤ 한국법인 또는 한국자연인의 일본국 또는 일본 국민에 대한 일본 국채, 공채, 일본 은행권, 피징용 한인 미수금, 기타 청구권
⑥ 한국법인 또는 한국자연인 소유의 일본법인의 주식 또는 기타 증권
⑦ 위에 열거한 재산 또는 청구권에서 발생한 모든 과실
⑧ 위 항목들에 대한 반환 및 결제는 협정 발효 후 즉시 개시하여 늦어도 6개월 이내에 종료

제1차 회담에서 양국은 기본관계조약, 재일한인의 법적지위문제와 선박문제 등에서는 어느 정도 의견 접근을 보았다. 그러나 한국이 가장 중요하게 여겼던 청구권문제는 일본의 역청구권 주장으로 인하여 제대로 된 토의조차 하지 못하였다. 어업문제 또한 일본의 '평화선' 폐지 주장으로 극심한 대립만이 이어졌을 뿐이다. 결국 회담은 시작한지 2개월 만에 결렬되고 말았다.

결렬된 회담은 쉽게 재개될 기미를 보이지 않았다. 그러자 예비회담 이후 한발 물러나 있던 미국이 다시금 중재에 나섰다. 마크 클라크(Mark W. Clark) 유엔군사령관 초청으로(클라크 사령관은 주로 일본에 체류하면서 6·25전쟁에 참전한 유엔군을 지휘하였음) 1953년 1월 5일부터 7일까지 일본을 방문한 이승만 대통령은 미국 측이 마련한 자리에서 요시다 시게루(吉田 茂) 일본 총리와 회담을 하게 되었다. 이 자리에서 양국 정상 간에 회담 재개를 위한 공감대가 형성되었으며, 이를 토대로 양국은 실무교섭을 진행, 결렬 1년만인 1953년 4월 15일 제2차 회담을 개최하게 되었다.

제2차 회담의 한국 수석대표는 제1차 회담에서 차석대표를 맡았던 김용식 주일대표부 공사가, 일본 수석대표는 구보타 간이치로(久保田貫一郎) 외무성 참여(국장과 차관 사이의 직급)가 각각 맡았다. 앞선 회담을 통해 청구권문제에 대한 한국 입장이 매우 강경하다는 것을 알게 된 일본은 제2차 회담에서는 이 문제에 대해 법리논쟁은 가급적 자제하고 한국 측 요구의 상세를 파악하는(fact finding) 실무적인 형태로 회담에 임한다는 방침을 세웠다. 이에 따라 양국 수석대표의 격도 낮추어졌다. 회담은 제1차 회담과 마찬가지로 본회의와 5개의 위원회 회의를 동시에 개최하는 형식을 취했다. 한국은 청구권위원회 회의에서 '대일청구권요강안'과 관련한 총 25개 항목의 상세내역을 일본 측에 설명하고 이에 대하여 일본이 입장을 밝힐 것을 요구하였다. 일본은 한국이 미국의 '대일강화조약 제4조에 관한 견해'를 제시함에 따라 기세가 다소 꺾이기는 하였으나, 미군정청과 한국 정부가 한국 내 일본재산에 대하여 취한 조치 및 현상을 문의하는 방식으로 제1차 회담에 이어 역청구권을 주장하는 입장을 계속 이어갔다.

일본은 미국의 중재로 한국과 회담을 재개하긴 하였지만, 외무성내에서는 ① 6·25전쟁의 휴전협정안에 3개월 후 남북통일을 위한 정치회담을 개최한다는 내용이 포함되는 등 한반도정세가 유동적이었고, ② 청구권문제의 해결

미국의 샌프란시스코 대일강화조약 제4조에 대한 견해

제1차 회담 한국 수석대표인 양유찬 주미대사는 일본인 사유재산청구권(역청구권)문제를 둘러싸고 일본과 대립이 계속되자 1952년 3월 25일 미군정청 법령 제33호와 재한일본인 사유재산의 관계 및 대일강화조약 제4조 b)항에 관한 미국 정부의 공식 견해를 묻는 서한을 미국 국무부에 보냈다. 미국은 제1차 한일회담이 결렬되고(4월 25일), 대일강화조약이 발효된(4월 28일) 직후인 4월 29일에서야 한국 측에 아래와 같은 답신(주요 내용 발췌)을 보내왔다.

미국은 일본과의 강화조약 제4조 b)항, 재한미군정청의 관계 지령과 조례 등에 의해 한국 내에 있는 일본과 일본 국민의 재산의 모든 권리, 소유권 및 이해관계는 박탈되었다는 견해를 가지고 있다. 따라서 미국은 그러한 재산에 대한 청구권 또는 그 재산에 관한 이해관계는 일본에 의해 주장될 수 없다는 의견이다. 그러나 일본이 조약 제4조 b)항에서 유효하다고 인정한 그 재산의 처분은 조약 제4조 a)항에서 상정하고 있는 '협정'에서의 고려사항과 관련이 있다고 본다.

미국 국무부의 답신은 원칙적으로 일본은 강화조약 제4조 b)항 및 관련 법령 등에 따라 재한재산에 대한 청구권을 주장할 수 없다고 하고 있지만, 뒷부분에 그 재산의 처분은 제4조 a)항에서 상정하는 (한일 간의) 협정에서의 고려사항과 관련이 있다는 내용을 추기(追記)함으로써 일본으로 하여금 한국의 청구권 주장에 '시비'를 걸 수 있는 여지를 주고 밀았다. 미국이 이러한 답변을 한 것은 한국이 일본으로부터 받아야 할 약간의 예외를 제외하고 한일 양국의 청구권 주장이 상쇄되는 것이 공평한 해결책이라는 입장을 갖고 있었기 때문이다. 미국의 이같은 입장 표명으로 인하여 일본은 제3차 회담까지 역청구권 주장을 멈추지 않았다.

미국은 1953년 10월 21일 제3차 회담이 구보타 일본 대표의 '식민지 시혜론' 발언으로 결렬된 후 한국 측이 '구보타 발언'의 철회와 함께 일본의 역청구권 주장 포기 없이는 회담재개에 응할 수 없다는 입장을 고수하자, 일본의 역청구권 포기를 유도하기 위하여 1957년 12월 31일자로 재차 강화조약 제4조에 관한 견해가 담긴 문서를 한일 양국에 전달하였다. 그러나 이 두 번째 견해에서도 "미국이 한국당국에 이양한 재한일본재산에 대해서는 한국이 완전한 통제권을 가진다"고 하면서도, "한일 간 특별협정에서는 한국 정부의 재한일본재산 취득에 따라 한국의 일본에 대한 청구권이 어느 정도까지 소멸되었다든가 또는 만족되었다든가 하는 결정이 포함되어야한다"고 함으로써 한국 편을 완전히 들어주지는 않았다. 결국 일본은 미국의 설득으로 역청구권을 포기함으로써 제4차 회담이 개최되었다.

가능성이 희박한 상황(양국이 청구권을 상호포기한 뒤 한국이 요구하는 사항 약간을 들어주더라도 한국이 이를 수용할지 불분명하며, 국내적으로는 귀국일본인들의 사유재산 보상문제로 인해 대장성이 외무성의 상호포기 입장에 반대)에서, ③ 일본에 대해 강경 입장을 고수하고 있는 이승만 대통령에 대한 반감마저 커지면서 회담을 계속할지에 대한 회의론이 대두되었다.[29]

일본 측은 "① 기본조약문제는 상호 대사관을 개설하는 공문 교환 후 가급적 조속히 국교 재개, ② 그 외의 다른 문제는 통상적인 외교 교섭을 통해 가급적 조기에 해결한다는 요지의 공문 교환, ③ 재일한인 국적·처우, 청구권, 어업문제에 관해서는 정부에 권고권을 갖는 위원회(필요 시 관민합동)를 설치하고 거기에서 현재의 각 위원회 작업을 계속하는" 안을 한국에 제시하면서 한국의 입장을 타진하였다. 이 안은 청구권문제를 포함한 모든 현안의 일괄 해결을 원했던 한국의 입장에서는 수용하기 어려운 것이었다. 결국 한국 대표단은 여름휴가 명분으로 회담을 쉬면서 쌍방의 문제점을 재검토하고 필요시에는 대표 간에 협의를 계속하는 방향으로 대안을 제시하였다.[30] 이 대안이야말로 일본이 원하던 바였다. 일본은 외부에 대해 회담이 결렬되었다는 인상을 주어서는 안 된다는 점을 강조하면서 한국의 대안을 즉각 수용하였다. 일본으로서는 자신들의 역청구권 주장으로 제1차 회담이 결렬되었다는 비난을 의식하였던 것이다. 회담은 7월 23일부터 휴회에 들어갔다.

제2차 회담이 중단된 후 며칠 지나지 않은 1953년 7월 27일 6·25전쟁의 휴전협정이 조인되었다. 이에 따라 전쟁 중 북한군의 침투를 봉쇄하고 물품의 밀반입·반출을 막기 위해 연합군이 한반도 주변에 설정하였던 '클라크 라인'(해상방위수역 또는 연합군 수역, 한국이 설정한 '평화선'과 그 수역이 거의 일치)도 8월 27일을 기해 정지되었다. 미국은 일본에 대해 "한반도의 사태가 확정되지 않은 관계로 '클라크 라인'은 폐지하지 않고 정지하기로 하였으며, '이승만 라인(평화선)'은 남아 있는 것이니 일본 어선은 계속해서 신중하게 행동하기를 희망한다"[31]는 뜻을 전하였다. 한국 정부는 '클라크 라인'이 정지되자 '평화선'을 침범한 일본 어선에 대한 나포를 강화하기 시작하였다. 한국으로서는 전쟁 종료 후 주권수호를 위한 의지 표명 차원에서, 그리고 동시에 회담에 소극적인 일본에 대한 불만의 표시로서 일본 어선 나포를 강화하였던 것이다. '클라크 라인'이 설정되어 있던 11개월 간 '평화선' 침범으로 한국에 의해 나포된 일본 어선의 숫자는 7척이었으나, '클라크 라인' 정지 후 9월 6일부터 10월 6일까지 한 달 동안에만 무려 43척이 나포되었다. 어선 나포에 따른 일본 어업 관계자들의 자국 정부에 대한 진정이 점차 늘어나면서, 이 문제가 일본 국내적으로 정치문제화 되기 시작하였다. 일본 외무성은 한국에 대해서는 나포에 항의하고, 미국에 대해서는 문제해결을 위해 개입해 줄 것을 요청하였다. 9월 18일 아라키 에키치(新木榮吉) 주미일본대사는 외무성에 "미국 정부가 한일 양국에 대해 휴회 중인 회담의 재개를, 그리고 일본에 대해서는 대한청구권의 포기 등 가능한 양보를 해서 한일 간의 제 현안을 해결할 것을 권고하고 있다"는 보고를 하였다. 상황이 이와 같이 전개되자 한일회담 재개에 소극적이던 일본 정부의 태도가 다시금 적극적으로 바뀌게 되었다. 일본은 제3차 회담(일본은 처음에는 3차가 아닌 '재개 한일회담'이라고 불렀음)의 개최를 제의하였다. '평화선'(어선 나포)이 한일회담의 교섭카드로서 위력을 발휘한 것이다.

한국은 김용식 주일대표부 공사를 제3차 회담 수석대표로 다시 임명하였다. 일본도 구보타 외무성 참여가 그대로 수석대표를 맡았다. 한국은 제3차 회담에서 종전과 마찬가지로 청구권문제를 중심으로 현안 전반에 걸친 토의를 원하였다. 일본은 대표단에 수산청장관을 참여시키고, 대일본수산회 부회장 등을 참관인으로 참석시킴으로써 어업문제를 집중적으로 다루고자 하는 의지를 보였다. 그러나 회담은 한국의 희망대로 제2차 회담과 동일하게 5개 분과위원회를 병행 개최하는 방향으로 합의가 이루어졌다. 제3차 회담은 1953년 10월 6일 제1차 본회의가 개최되면서 시작되었다. 그러나 각 위원회가 본격적인 토의에 들어가기도 전에 10월 15일 청구권위원회 제2차 회의에서 행해진 구보타 대표 발언을 둘러싸고 한국이 강력히 반발하면서 회담은 재차 좌초되고 말았다.

제3차 회담에 임하는 한국 대표단의 입장은 제2차 회담에서 일본 측에 조사를 요청한 청구권 구체 내역 25개 항목에 대해 성의 있는 회신을 받지 못함에 따라 다시금 원칙론 주장을 통해 (청구권에 따른) 반환의 원칙을 확립해 나간다는 것이었다. 물론 일본의 대한청구권(역청구권) 주장은 성립하지 않는다는 확고한 전제가 깔려 있었다. 일본 또한, 회담에 앞서 개최된 사전대책회의에서 구보타 대표가 "청구권문제와 관련 한국 측의 의향을 더 타진해 볼 필요가 있으나, 한국이 어선 나포를 통해 일본에 계속 압박을 가해온다면 회담의 결렬까지도 고려하면서 청구권위원회에서 한국에 공세적인 입장을 취해야 한다"[32]고 발언한 데서 알 수 있듯이, 제2차 회담과는 달리 강경 입장을 취해 나간다는 방침을 정하였다.

청구권문제와 관련한 양국의 강경 입장으로 회담은 시작부터 대립상황에 부딪히게 되었다. 한국은 대일강화조약 제4조 b)항과 미국무부의 조약해석에 따라 일본이 한국에 대한 역청구권 주장을 포기해야 한다고 역설하였다. 이에 대해 일본은 재산청구권에 관한 종전 방침에 아무런 변화가 없다면서 대한청구권 주장을 포기하지 않을 것이라는 입장을 밝혔다. 이렇게 시작된 논쟁이 결국 청구권위원회 제2차 회의에서 일본 측 구보타 대표의 '망언'으로 이어진 것이다. 한국 대표단은 구보타의 발언을 "① 한국이 대일강화조약 체결 전에 독립한 것은 국제법 위반이다, ② 연합국 전후 처리의 일환으로 일본인을 한국에서 송환한 것은 국제법 위반이다, ③ 미군정청의 일본 재산처리와 미국무성의 (군정청령 제33호 제4조 b)항에 대한) 견해는 국제법 위반이다, ④ 포츠담 선언 수락에 의해 일본도 간접적으로 수락한 카이로선언에서 사용된 조선인의 '노예상태'라고 하는 단어는 연합국이 전시 흥분상태였기 때문에 나온 표현이다, ⑤ 일본의 36년간의 통치는 한국에 유익하였다"[33]로 정리하고, 이에 대한 일본 측의 해명을 요구하였다. 일본 측이 납득할 만한 해명을 하지 않았음은 두말할 필요도 없다. 결국 제3차 회담은 개최된 지 2주 만인 10월 21일 결렬되고 말았다. 한국 국민들은 구보타의 '망언', 특히 일본의 식민통치가 한국에게 유익하였다는 소위 '식민지 시혜론' 발언에 분노하였다. 구보타는 문제가 된 발언을 할 때 사견이라고 밝히긴 하였지만, 그의 발언을 통해 회담에 임하는 일본 정부의 속내가 그대로 드러났다고 봐야 할 것이다. 제3차 회담이 결렬된 것은 구보타 '망언'이 직접적인 원인을 제공하였지만, 보다 근본적인 이유는 일본이 역청구권 주장을 포기하지 않았기 때문이라고 보는 것이 타당하다. 한국 대표단의 머릿속에는 일본의 역청구권 포기 없이는 청구권 교섭이 원

3차 회담을 좌초시킨 구보타의 발언 내용[34]

일본의 청구권도 법률적인 것이다. 국유재산마저 돌려달라고 하지 않는다. 한국 측이 국회의결 운운하면서 배상을 요구하지 않은 것은 현명한 일이었다. 만일 그러한 제안을 했다면 일본 측으로서는 한국에서 민둥산을 녹화한 일, 철도를 깐 일, 항만을 건설한 일, 논을 조성한 일, 대장성의 돈을 많은 해는 2,000만 엔, 적은 해는 1,000만 엔 지출하여 한국경제를 배양한 일을 반대 제안으로 제출하고, 한국 측의 요구와 상쇄했을 것이다.

대표 자격으로 말하는 것이 아니니 기록해서는 곤란하나, 일본이 가지 않았다면 한국이 더 좋아졌을지도 모르지만, 한편으로는 나빠졌을지도 모른다. 나의 외교사 연구결과로 볼 때 일본이 가지 않았다고 하면 중국 또는 러시아가 들어왔을 수도 있다고 생각한다.

(카이로선언에서 한국인의 노예상태라고 한 의미에 대해 사견 전제하에) 연합국은 전시 흥분상태에서 그러한 것을 말하였으며, 그것은 오히려 연합국 스스로 품위를 손상시킨 것이라고 생각한다. 지금이라면 연합국이 그러한 것을 이야기하지 않았을 것이다.

사견이지만, 우리들로서는 (강화조약 성립 전에 영토를 독립시켜) 사유재산을 몰수한 것은 국제법 위반이라고 생각한다. 나로서는 미국이 그러한 국제법을 위반하였다고는 생각할 수 없지만, 만일 그렇다 하더라도 그렇지 않은 것으로 해석하고 있다. 미국이 몰수하였다고 해서 국제법상 인정할 수는 없다. 그러나 위반했다고 해도 일본은 연합국에 대해서는 청구권을 포기하고 있다. 영토는 조약으로 결정된 것으로 문제는 없다. (일본) 국민의 귀환은, 이것은 점령군의 정책에 의한 것으로 다른 문제이다.

＼김용식 한국 수석대표와 악수하는 구보타 칸이치로 일본 수석대표
(사진 왼쪽, 1953. 4)

만히 진행될 수 없으며, 청구권 교섭의 진전 없이는 다른 현안들의 타결이 무의미하다는 인식이 자리 잡고 있었다.

이후 일본이 구보타 '망언'을 철회하고 역청구권을 포기함으로써 회담이 재개되기까지는 무려 4년 반이라는 긴 세월이 걸렸다. 한국은 회담결렬 후 일본에 대한 압박수단으로 '평화선' 침범 일본 어선에 대한 나포를 강화하였다. 또한 나포 어선의 선원들에 대한 사법처리가 가능하도록 1953년 12월 12일에 '어업자원보호법'을 제정·공포하였다. 어업자원보호법은 '평화선' 내 수역을 전관수역으로 규정한 것으로서, 위반 시 3년 이하의 징역 또는 금고형에 처하고 어선, 어구 및 어획물을 몰수하도록 규정하고 있었다.[35] 일본에서는 이러한 한국 측 조치에 반발하는 어업단체의 항의성명 발표 및 집회 개최, 국회의 항의 결의안 통과 등이 이어졌다. 한일회담 중단기인 1954년부터 1957년까지 한국이 나포한 일본 어선 및 어민의 수는 총 93척, 1,285명에 이르렀다.[36]

예상치 못했던 사안으로 회담이 결렬되자 그간의 한일회담에서 가급적 개입을 자제해 왔던 미국이 다시금 적극적인 자세로 한일 양국에 대한 중재 노력을 기울이기 시작하였다. 미국은 1953년 11월 초에 ① 회담 재개 시 일본이 (구보타 발언과 관련) 한국 측의 감정을 완화시킬 수 있는 내용을 인사말에 포함하고, ② 청구권문제는 양국이 상호 포기하되 일본이 한국에 징병, 징용자들의 미지불 임금과 은급(연금의 일본식 표현)을 지불하고 국유 문화재 일부를 증여 형식을 통해 반환하며, ③ 한국은 억류중인 일본 어선과 어민을 돌려보내는 내용의 중재안[37]을 마련하였다. 일본은 이 안을 수용하였으나 한국은 구보타 발언 관련 일본 측의 발언 내용에 불만을 표하면서 반대하였다. 이후 미국은 일본과의 협의를 통해 구보타 발언에 관한 표현이 수정된 새로운 중재안을 한국 측에 제시하였으나 한국은 이 또한 받아들이지 않았다. 한국이 미국 중재안을 수용하지 않은 이유는 일본의 역청구권 포기 내용이 포함되어 있지 않았기 때문이다. 미국은 대일강화조약 제4조에 관한 재해석(내용은 앞선 1차 해석과 별반 다르지 않음. 54쪽 참조)을 통해 일본이 역청구권을 완전히 포기하도록 유도하는 한편, 한국에 대해서도 회담을 재개할 것을 계속해서 종용하였다.

한일회담은, 일본에서 한국에 전혀 양보의 여지를 보이지 않았던 요시다 총리가 퇴진하고 하토야마 이치로(鳩山一郞), 이시바시 단잔(石橋湛山) 정권을 거쳐 한국에 비교적 우호적이었던 기시 노부스케(岸信介) 정권이 들어선 연후에야 재개되었다. 회담이 재개되기 전까지 양국 간에는 한국에 억류 중이던 일본 어민들과 불법 입국 및 일본 국내법 위반 등의 혐의로 오무라(大村)수용소에 수용되어 있던 한인들의 상호송환문제를 해결하기 위한 교섭이 계속 진행되었다. 이 교섭이 한일회담 재개를 위한 교섭으로 이어졌고, 양국은 마침내 1957년 12월 31일에 ① 일본의 구보타 발언 철회, ② 일본의 대한청구권 포기, ③ 한국에 억류 중인 한인 및 일본에 억류 중인 한인의 상호 석방 및 송환, ④ 일본의 한국 문화재 일부 반환, ⑤ 한일회담의 1958년 3월 1일

재개 등에 합의하였다. 한국이 회담 재개에 합의하게 된 것은 미국의 적극적인 중재 노력이 있었기 때문이기도 하지만, 보다 결정적인 이유는 일본이 그간 무리하게 주장해온 한국에 대한 역청구권을 완전히 포기하였기 때문이다. 일본 정부는 어느 정도 경제력이 회복되자 한국에서 사유재산을 몰수당한 자국인들에 대한 보상이 가능토록 국내조치[38]를 취하게 되었으며, 이에 따라 한국에 대한 청구권주장도 철회할 수 있었던 것으로 보인다.

1958년 3월 1일 개최하기로 하였던 제4차 회담은 상호억류자석방 실시계획 수립을 위한 교섭과정에서 양국 간 의견대립이 빚어지면서 지체되어 4월 15일이 되어서야 개최되었다. 일본이 오무라수용소에 억류중인 한인 불법입국자 중 93명을 본인 희망에 따라 한국이 아닌 북한으로 송환하겠다는 뜻을 밝히면서 한국이 그 반발로 일부 일본인 어부의 송환을 거부하는 사태가 발생하였기 때문이다. 양국은 북한행을 원하는 재일한인들은 본인 의사의 변경을 기다려 한국에 송환한다는 미봉책에 합의한 후 회담을 개최하기로 하였다.

제4차 회담은 1958년 4월 15일~12월 19일(전반기), 8

개월 중단 기간을 거쳐 1959년 8월 12일~11월 2일(후반기)간 개최되었으며, 4개월 뒤인 1960년 4월 15일 열린 본회의를 마지막으로 종료되었다. 제4차 회담의 전반기 한국 측 수석대표는 임병직 전 유엔대사가 맡았다. 임병직 대표는 제1차 회담 수석대표였던 양유찬 주미대사와 마찬가지로 이승만 대통령의 최측근 인사였다. 미국에서 대학 졸업 후 독립운동에 참가하였으며, 1949~1951년간 한국의 외무장관을 거쳐 1951년 4월부터 1955년 2월까지 유엔대사로 근무하였다. 후반기 회담은 임병직 대표의 사임으로 허정 전 서울시장이 맡게 되었다. 일본은 전·후반기 회담 모두 유엔대사 출신의 사와다 렌조(澤田廉三) 외무성 고문이 수석대표를 담당하였다. 회담은 앞선 회담과 마찬가지로 본회의와 각 의제별 분과위원회, 그리고 수석대표 간 비공식협의로 진행되었는데, 한 가지 차이점은 일본이 한국에 대한 역청구권을 공식적으로 철회한 관계로 청구권관련 의제가 한국의 대일청구권에 한정되면서 종전의 '재산청구권위원회'라는 명칭이 '한국청구권위원회'로 개칭된 것이다. 회담은 양국이 중요시하는 사안이 달라 별다른 진전을 이루지 못하였다. 한국은 청구권문제와 재일한인문제의 우선적인 토의를 희망하였고, 일본은 '평화선'과 어업문제의 토의에 중

점을 두고자 하였기 때문이다. 또한 제4차 회담 기간 중 일본이 추진한 재일한인의 북한송환사업이 회담에 상당한 악영향을 미쳤다. 한국은 재일한인의 북한 송환을 저지하고자 하였으나 실패하고 말았다. 어렵게 중단과 재개를 거듭하던 제4차 회담은 1960년 4월 19일 이승만 정권이 학생혁명에 의하여 붕괴되면서 아무런 성과도 거두지 못하고 종료되고 말았다.

이상 살펴본 이승만 정권하에서의 제1차~4차 회담을 다시 한 번 간략히 정리해 보기로 하자. 이 기간 중 한국 정부의 교섭 목표는 일본과의 국교정상화보다는 일본에 대해 식민통치 등 과거행위에 대한 각성을 촉구하면서 배상문제를 집중적으로 다루어 나가는데 방점이 찍혀 있었다고 할 수 있다. 이승만 정권하에서는 대통령 자신이 강력한 반일노선을 견지하였을 뿐만 아니라 국내여론도 반일감정으로 가득 차 있었기 때문에 한국 대표단은 회담에서 일본 측에 대해 줄 곳 강경기조를 유지하는 상황이 이어졌다. 한국은 일본의 배상문제와 관련해서는, 회담 개최당시의 시대적 상황으로 인하여 제1차 회담부터 식민지 지배 피해배상에서 법적 반환의 성격을 지닌 청구권요구로 입장을 전환하여 교섭에 임했다. 한국의 청구권요구에 대해 일본은 전술적으로 재한일본재산의 역청구권을 주장하면서 대응하였다. 일본의 역청구권 주장은 요시다 정권하에서 계속되다가 기시 정권에 이르러서야 비로소 철회되었다. 한일회담의 조기타결을 기대하고 있던 미국은 회담이 난항을 거듭하자 양국에 대한 중재노력을 지속적으로 기울이는 한편, 두 차례에 걸친 샌프란시스코 강화조약 제4조의 해석 등을 통해 결국 일본의 역청구권을 포기시키는 데 일정한 역할을 하였다. 이승만의 대일 강경 기조에 대한 반작용이라고도 할 수 있겠지만, 일본은 이 기간 중 한국에 대한 역청구권 주장이외에도 제3차 회담에서의 구보타 대표의 '식민지 시혜 발언', 제4차 회담기간을 전후로 추진된 재일한인의 북한 송환 등을 통해 지속적으로 한국 국민의 감정을 자극하였다. 한국은 이에 대한 대응조치로 '평화선'을 침범하는 일본 어선을 나포함으로써 양국관계는 전반적으로 반목 또는 소강상태를 벗어나지 못하였다. 결국 이 기간 중에 개최된 4차례의 한일회담은 대일교섭사에 중단과 재개를 되풀이하며 별다른 진전을 이루지 못한 회담들로 기록되고 말았다.

이승만 정권하에서의 대일교섭은 이승만이라는 개인

의 역량에 거의 모든 것을 의존했다고 해도 과언이 아니다. 신생독립국으로서 외교 인프라가 열악했던 한국은 직업외교관이 없었던 관계로 정계·학계·경제계 등 사회 각층의 유능한 인사들로 회담 대표단을 구성하여 회담에 임하였다. 외교 교섭 경험이 없었던 한국 대표단은 교섭에 임하는 자세에서부터 교섭전략 수립에 이르기까지 일일이 이승만의 지휘·감독을 받았다. 이승만은 한국이 일본에 비해 여러 면에서 열세에 놓여 있었던 점(외교 인프라의 미비, 미국의 일본 중시 정책 등)을 고려하여 '평화선'을 선포하고 이 선을 침범하는 일본 어선을 나포함으로써 일본에 대한 압박수단으로 활용하였다. 또한 회담 수석대표를 양유찬·임병직 등 미국통으로 임명함으로써 미국과의 원활한 소통을 통해 미국이 일본에 치우친 정책적 판단이나 간섭을 하지 않도록 도모하였다. 이러한 것들은 이승만의 오랜 외교경험에서 나온 매우 유효한 조치들이었다. 한국은 제1차~4차 회담 자체에서는 별다른 성과를 거두지 못하였다. 그러나 이승만의 지도 아래 회담 대표단은 교섭의 기술과 경험을 축적할 수 있었다. 이렇게 축적된 외교적 자산은 다음 정권에서 이어진 일본과의 어려운 교섭에서 큰 기여를 하였다.

장면 정권하에서의
제5차 회담

한국에서 철저한 반일정책을 고수해 왔던 이승만 정권이 1960년 4월 19일 학생혁명으로 무너지고 4개월여의 과도정부(내각수반 허정)를 거쳐 8월 19일에 민주당 장면 내각이 출범하였다. 장면 내각은 공산세력에 대한 일본과의 공동대응이라는 측면과 함께, 미국의 원조가 점차 삭감되고 있는 상황에서 한국의 경제건설을 위해서는 일본과의 경제협력이 필요하다는 점을 인식하고 적극적인 대일정책을 천명하였다. 일본에서도 일·미 안보조약 파동으로 1960년 6월 25일 기시 총리가 퇴진하고, 7월 19일 이케다 하야토(池田勇人)가 새로운 총리가 되었다. 이케다 정권은 일본 경제가 1950년대의 호황기를 거쳐 침체 국면에 들어감에 따라 불황 타개책의 한 방안으로 유망한

시장과 생산기지로 인식된 한국과의 경제협력체제 구축 필요성을 절감하고 있었다. 이처럼 경제협력 필요성에 대한 한일 양국의 이해가 어느 정도 공통분모를 이루는 가운데, 1960년 9월 6~7일 간 일본의 고사카 센타로(小坂善太郎) 외상이 친선사절단으로 한국을 방문하여 한일회담 재개에 합의하였다. 고사카 외상은 일제강점에서 벗어난 한국을 방문한 최초의 일본 고위관리로서, 그의 방한자체가 한국의 정권교체에 따른 대일인식의 변화를 상징적으로 보여주는 매우 큰 사건이었다.

제5차 한일회담은 1960년 10월 25일부터 한국의 유진오 고려대학교 총장과 일본의 사와다 렌조 외무성 고문을 각각 수석대표로 하여 개최되었다. 제5차 회담은 1961년 '5·16군사정변'으로 중단될 때까지 본회의는 개최되지 않았으나, 총 17차례의 양국 수석대표 간 비공식회의와 5개의 분과위원회(소위원회) 회의에서 이전 제4차 회담과는 달리 주요 의제에 관한 본격적인 협의가 진행되었다. 제5차 회담에 임하는 한국 정부는 앞선 9년간의 교섭과정, 즉 양국 간에 좁혀지지 않는 입장차로 교섭이 중단과 재개를 반복했던 과정을 교훈으로 삼아, 앞으로의 회담에서는 정치적 타협을 통하여 최종합의를 이루어나갈 수밖에 없다는 생각을 하고 있었다. 청구권문제에 관해서는 전 정권에서 준비했던 자료들이 불완전하였음을 인정하고 재개되는 회담에서 일본과의 토의를 거쳐 대일청구권 항목을 확정지어 나간다는 방침을 수립하였다. 다만, 회담재개 전부터 양국 언론에 보도되곤 하던 차관 공여 등 일본이 주장하는 '경제협력방식'에 의한 청구권문제의 해결은 고려치 않는다는 입장이었다. 일본 또한 이전 회담에서 취했던 입장, 즉 한국이 어업문제에 양보하지 않는 한 문화재, 선박 기타 문제에 관해 어떠한 양보도 하지 않는다는 입장을 견지할 경우 회담이 진전을 이루지 못할 것이라는 인식을 갖고 있었다. 따라서 어업문제의 진행에 구애됨이 없이 각 문제를 해결해 나간다는 입장을 새로이 취하였다. 그러나 청구권문제에 관해서는 경제협력방식에 의한 해결방안을 염두에 두면서 해결시점은 국교정상화 이후로 미룬다는 소극적인 태도를 견지하였다.

제5차 회담의 전반적인 분위기는 이승만 정권하에서의 회담 때보다 부드러워졌다고 할 수 있지만, 청구권문제를 다루는 분과위원회에서는 양국 대표단 간에 논쟁이 재현되었다. 논쟁대상은 한국의 대일청구권 주장과 관련하여, ① 미국무부의 대일평화조약 제4조 관련 견해에 대한 해석, ②

재한일본재산 몰수를 위한 미군정청령 제33호에 나오는 관할구역 및 날짜(1945. 8. 9) 관련 해석, ③ 개인청구권 처리문제, ④ 한국이 미불화로 제시한 청구권 액수에 적용할 환율문제 등이었다. 실무선에서는 쉽사리 합의에 도달하기 어려운 이 같은 안건들에 대한 치열한 논쟁이 전개되고 있는 가운데, 양국 수석대표들은 비공식회의에서 청구권문제를 정치적으로 해결해 나가야 한다는 점에 점차 공감대를 넓혀나가고 있었다. 한국은 공식적으로는 청구권문제의 경제협력방식 해결방안을 고려치 않는다는 입장이었으나, 비공식적으로는 이에 관한 논의에도 응하였다. 어찌 보면 청구권소위원회에서 실무자들 간에 벌어진 논쟁은 정치적 타협을 위한 명분 쌓기 과정이었다고도 할 수 있을 것이다.

일본은 제5차 회담이 한국에서의 '5·16군사정변'으로 중단되기 직전인 1961년 5월 6~12일 간 이루어진 일본 자민당 국회의원들의 한국 방문과정에서 청구권문제를 경제협력방식으로 해결코자 한다는 입장을 보다 분명하게 드러났다. 의원단 수행 차 방한한 일본 외무성의 이세키 유지로(伊關佑二郎) 아시아국장은 한국의 김용식 외무차관에게 청구권문제는 어업문제의 해결 없이는 해결이 어렵다는 점과 함께, 무상 경제원조와 정부 및 민간차관 제공을 통해 해결하고자 한다는 일본 측 생각을 전달하였다. 그는 또한 한국 정치인들과 비공식회합에서 청구권 금액에 관한 이야기도 나누었는데, 일본 측 외교문서에는 한국이 청구권 금액으로 5억 달러를 희망하여 자신은 3억 달러 정도로 생각하고 있다고 언급한 기록[39]이 남아있다. 앞에서도 기술하였지만, 일제강점에서 벗어난 후 일정한 세월이 경과됨에 따라 한국 국내적으로 반일감정이 어느 정도 완화되면서 경제발전을 위해서는 일본과의 경제협력이 필요하다는 인식이 점차 확산되기 시작하였다. 언론에서도 경제협력 관련 기사들이 자주 보도되었다. 이러한 분위기로 인하여 일본 측의 경제협력방식 제의에 대해 한국 측은 분명하게 '아니다'라는 답은 하지 않았던 것으로 보인다.

제5차 회담은 한국의 대일교섭이 이승만 개인에 의해 좌우되던 앞선 네 차례의 회담과는 달리 외무부의 주도하에 '조직적'이고 '체계적'으로 진행되었다. 이는 정부형태가 대통령제에서 의원내각제로 바뀌고, 정일형이 외무부장관이 되면서 외무부의 위상이 강화되었기 때문인 것으로 이해해야 할 것이다. 또한 정부수립 후 12년이라는 세월이 경과하면서 직업외교관이 양성되고, 외무부의 사무처리 절차가 현

대화되는 등 외교 인프라가 어느 정도 구축되었던 것도 그 이유 중의 하나라고 볼 수 있다. 회담의 내용면에서도 일본의 대한청구권 주장을 둘러싼 소모적인 법리논쟁에서 벗어나 한국의 대일청구권을 중심으로 한 본격적인 토의가 이루어졌다는 점이 중요하다. 물론 실무적으로는 '대일청구권 요강안'의 내용들을 최대한 관철시키려는 한국과, 한국의 요구를 최소화하려는 일본 간에 논쟁이 이어졌지만, 그 논쟁의 핵심이 앞선 회담과 달리 한국의 대일청구권에 관한 것이었다는 점을 중시할 필요가 있다. 한국은 대일청구 8항목 중 개인청구권에 해당하는 제5항목[40]의 토의 시에는, 대일청구의 근거가 되는 상당수의 자료들이 일본 정부의 손에 놓여 있어 일본의 협조 없이는 이를 입증하기가 어려웠고, 일본 측이 제의한 국교정상화 후 일본 국내법에 의한 처리를 수용할 경우 일본의 식민지 지배를 정당한 것으로 인정하는 형국이 되므로 국가처리방식에 의한 일괄 타결(일본으로부터 일괄적으로 청구권 자금을 받고 개인들에 대해서는 국내적으로 보상)을 주장한 점도 우리가 기억해야 할 부분이다. 제5차 회담은 한국에서 '5·16군사정변'이 일어나면서 중단되었지만, 이 회담에서의 토의내용은 제6차 회담에서의 청구권문제 타결에 중요한 밑거름이 되었다.

박정희 정권하에서의
제6~7차 회담

1961년 5월 16일 '군사정변'으로 정권을 잡은 박정희 장군은 경제 재건을 통해 정권의 정당성을 확보하는 일이 급선무였다. 이를 위해서는 무엇보다도 한일 국교정상화를 통해 일본으로부터 자금과 기술을 도입하는 것이 필요하다는 생각을 하게 되었다. 따라서 한일회담의 재개에 강한 열의를 보였다. 그러나 일본의 이케다 총리는 장래가 불투명한 한국의 군사정권에 대해 어느 정도 거리를 두고 있었다. 이케다 총리가 한국 측의 회담 재개 요구에 응하는 방향으로 마음을 바꾼 것은 1961년 6월 20~23일 미국을 방문, 케네디(John F. Kennedy) 미국 대통령과 회담을 하고 난 이후이다. 1960년부터 시작된 베트남전쟁으로 아시아 지역정세에 큰 관심을 갖고 있던 미국은 한국이 붕괴할 경우 한반도가 공산화될 수도 있다는 점을 우려하고 있었다. 이와 함께 한국에 제공하는 경제원조 일부를 일본에 부담시키고자 하는 생각으로 일본에게 박정희 정권을 인정하고 조기에 국교정상화를 할 것을 촉구하였다.[41] 한일 양국은 '5·16군사정변'이 발생한 지 3개월여가 지난 시점인 8월 24일 한일회담을 9월 중순경 재개하기로 합의하였다.

제5차 회담에서의 경험을 통해 실무교섭만으로는 청구권문제 타결이 어렵다는 점을 인식하고 있던 한국은, 회담 개시에 앞서 이승만 정부에서 주일대사를 역임, 일본 정계 지도자들과 친분이 있었던 김유택 경제기획원 원장을 8월 30일부터 9월 9일까지 특사로 일본에 파견하여 회담 재개를 위한 사전 정지작업을 시도하였다. 김유택은 이케다 총리는 물론 고사카 외상 및 일본 정계 주요 인사들과 일련의 회담을 갖고 한일회담의 가장 어려운 사안인 청구권문제와 어업·'평화선'문제에 관하여 협의하였다. 그러나 김유택의 방일 성과는 한국의 기대에 미치지 못하였다. 일본 측이 제대로 준비가 되어있지 않았기 때문이다. 김유택은 일본이 청구권문제에 대해 만족스러운 반응을 보인다면 한국은 '평화선'에 관해 신축성 있는 태도를 보일 수 있다는 설명과 함께, 한국이 기대하는 청구권 액수로 8억 달러를 제시하였다. 이에 대해 일본 측은 순수한 청구권으로 5,000달러를 지불하고 한국의 5개년 경제개발계획 내용을 본 후 무상원조 형식으로 추가 지원을 할 용의가 있다는 입장을 표명함으로써 한국 측을 실망시켰다.

김유택의 실망스러운 방일 결과로 한국은 교섭전략을 수정할 필요가 있었다. 수석대표 임명을 둘러싼 일본과의 입장차도 노정되면서 제6차 회담은 당초 합의되었던 9월 20일에 재개되지 못하고 연기되었다. 한국은 기시 전(前) 총리가 일본 측 수석대표로 임명될 것을 기대하고 이에 상응하는 허정 전 내각 수반을 수석대표로 내정하였다. 그러나 이케다 총리는 재계 인사인 스기 미치스케(杉道助) 일본무역진흥회 회장을 임명했다. 청구권문제를 경제협력방식으로 풀어나가겠다는 의지의 표명인 것으로 보였다. 결국 한국도 배의환 전 한국은행 총재를 임명하였다. 배의환이 수석대표로 임명된 것은 일본이 재계인사인 스기를 임명한 데 따른 것이었지만, 한편으로는 미 연방정부의 고위직 관리 경험이 있고 남한의 미군정청 재무부장보를 역임한 배의환을 통해 미국과의 원활한 소통을 도모하자는 뜻도 있었다. 회담은 1961년 10월 20일부터 시작되었다.

제6차 회담이 시작된 지 며칠 지나지 않아 10월 24~28일 박정희 정권의 2인자인 김종필 중앙정보부장이 도쿄를 방문하였다. 김유택의 방일이 성과를 거두지 못함에 따라 박정희가 김종필로 하여금 청구권문제 타결에 직접 관여토록 한 것이다. 김종필은 자신의 육사동기생이었던 최영택(중앙정보부 간부)을 주일대표부에 참사관으로 파견하여 대일교섭 실무를 담당케 하는 동시에, 일본 정계의 막후 실력자였던 고다마 요시오(児玉誉士夫)[42] 등을 통해 일본 정치권 내에 친한 세력을 구축하는 노력을 기울이도록 하였다. 이와 함께 자신도 직접 일본을 방문하여 청구권문제의 타결을 위한 분위기를 조성해 나갔다. 김종필은 이케다 총리, 고사카 외상 등을 비밀리에 만나 박정희의 일본 방문을 성사시켰다. 박정희는 케네디 대통령의 초청으로 미국을 방문하는 길에 11월 12일 도쿄에 들려 이케다와 정상회담을 갖고 한일회담의 조기타결을 위한 돌파구를 모색하였다. 박정희는 한국이 법적 근거가 있는 청구권만을 주장하는 것이므로 일본이 적절한 청구권 금액을 제시해줄 것을 요청하였다. 이에 대해 이케다는 청구권만으로는 금액이 적게 될 것이므로 장기 저리의 경제 원조를 고려하고자 한다고 대응하였다. 회담 결과는 정상회담을 청구권교섭 타결을 위한 중요한 계기로 삼고자 했던 한국에게는 실망스러운 것이었다. 하지만 박정희의 방일은 일본 정치 지도자들에게 좋은 인상을 남김으로써 이들이 갖고 있던 한국의 군사정권에 대한 불신감을 해소하고, 한일회담 타결을 위한 일본 정치권의 협조적 분위기를 조성하는 성과를 거두었다.

한국은 박정희의 방일 이후 다소 탄력이 붙은 청구권 소위원회 회의에서 가급적 일본과 내실 없는 논쟁을 피하면서 청구권 8개 항목에 대한 토의를 마치고 일본에 총 15억 달러 정도의 청구권 금액과 그 내역을 최종적으로 제시하였다. 그리고 실무협상만으로는 타결이 어려우므로 고위급 정치회담을 개최할 것을 일본 측에 촉구하였다. 이렇게 하여 개최된 것이 최덕신 외무장관과 고사카 외상 간의 제1차 정치회담이다. 1962년 3월 12일부터 17일에 걸쳐 총 다섯 차례 개최된 회담은 양국 간에 청구권 금액에 커다란 차이(한국은 7억 달러, 일본은 청구권 변제 7,000만 달러와 일반차관 2억 달러 제시)가 있음만을 확인한 채 또 다시 아무런 성과도 거두지 못하고 끝났다. 이 회담에서 고사카는 청구권 이외에 독도와 주한일본대표부 설치 문제를 제기하고 한국의 청구권은 38도선 이남으로 국한되어야 한다는 주장도 펼침으로써 최덕신을 분노케 하였다.

　제1차 정치회담이 성과 없이 끝난 후 한일회담은 일본의 국내정치 일정(7월 1일 참의원 선거, 7월 14일 자민당 총·재선, 개각 등)으로 인해 수개월 간의 소강 국면을 거치게 되었다. 그러나 이 소강국면은 양국으로 하여금 한일회담 타결을 위한 보다 현실적인 방안을 마련토록 하는 기회가 되었다. 7월 18일 개각에서 외상에 취임한 오히라 마사요시(大平正芳)는 한일회담에 적극적인 태도를 보이면서 외무성으로 하여금 실질적인 타결책을 마련토록 하였다. 일본이 마련한 안은 상당액을 한국에 무상원조로 제공할 수밖에 없다는 이해 위에, 9월 말 또는 10월 초 한국과 제2차 정치회담을 개최하여 청구권문제에 합의하고 이를 토대로 어업, 재일한인 법적지위, 선박, 문화재 등에 관한 협의도 가속시켜 나간다는 것이었다. 한국 측도 그간의 교섭에서 일본과 합의된 점 및 대립된 점을 구분하여 이를 일본과 확인하고, 8월 말 또는 9월 초부터 고위급 예비절충회의를 거쳐 여기서 이루어진 양해를 토대로 정치회담을 개최하는 방안을 수립하였다. 기본 방향에서 일치된 생각을 갖고 있던 양국은 7월 말부터 배의환-스기 수석대표 간 비공식회의와 최영택 참사관-이세키 국장 간 실무협의를 통해 제2차 정치회담의 준비 차원에서 청구권 금액과 명목을 조정하기 위한 예비절충회의를 개최하기로 합의하였다.

양국은 10차례에 걸친 배의환-스기 간 예비절충회의를 통해 상대방이 생각하고 있는 청구권 금액이 대략 어느 정도인지 파악하게 되었다. 한국은 그간 일본으로부터 받게 될 자금의 명목이 청구권이 아니면 안 된다는 주장을 견지해왔으나 이를 양보하여 청구권 변제와 무상원조를 합해 3억 달러 정도로 하고, 여기에 차관을 2억 달러(또는 3억 달러) 정도 받는 것으로 하여 합계 5~6억 달러 정도를 산정하였다. 일본도 대략 비슷한 금액을 염두에 두면서 다만 명목과 관련해서는 청구권이 아닌 국교정상화를 기념하기 위하여 또는 경제발전에 기여하기 위하여 한국에 자금을 제공한다는 입장을 세웠다. 양국은 상대방 의중에 있는 금액을 파악하게 되자 김종필 부장과 오히라 외상이 만나 청구권 금액에 관해 최종적인 타결을 짓는 것으로 의견을 모았다. 김종필은 1962년 10월 20일 및 11월 12일 두 차례 일본을 방문, 오히라와 회담을 가졌다. 11월 12일 회담에서 3시간여에 걸친 담판 끝에 청구권 액수와 공여 방식에 관해 합의를 도출해 냈는데, 그 것이 바로 유명한 '김종필-오히라 합의'이다. 이 합의를 기록한 것을 '김종필-오히라 메모'라고

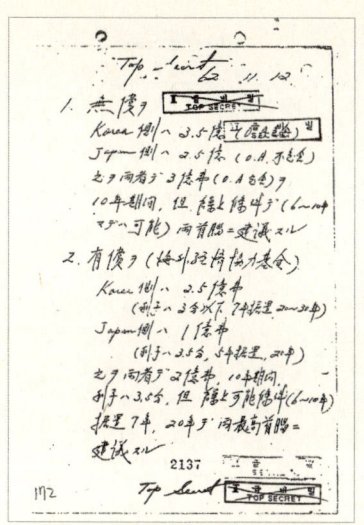
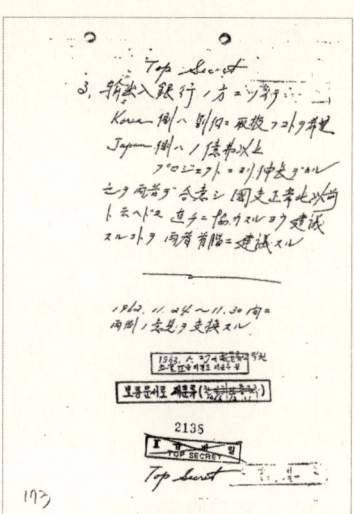

『한국외교문서철』의 '김-오히라 메모'

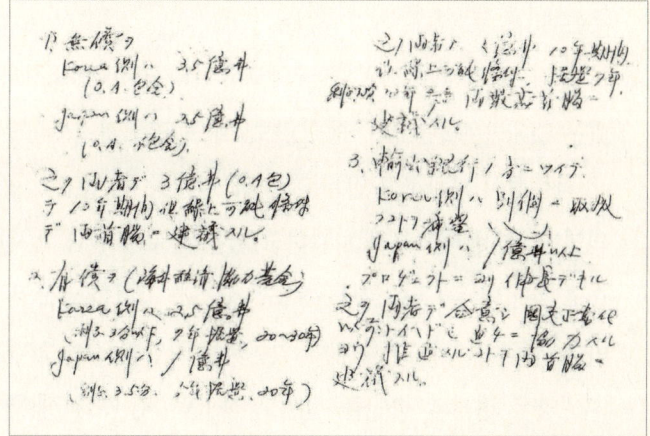

『동아일보』 보도 '메모' (1992. 6. 22)

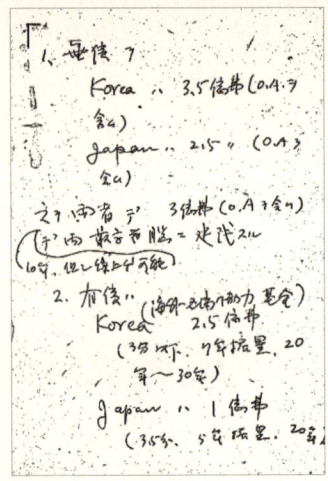

일본 측 「김-오히라 메모」

부른다.

'김-오히라 메모'는 한국외교부(외교사료관)가 소장하고 있는 것과 1992년 6월 『동아일보』에 보도된 것, 그리고 일본 외무성이 보관하고 있는 일본 측 원본 등 세 종류가 공개되었다. 한국 외교부가 보관하고 있는 사료는 한국 측 원본으로 추정되는 『동아일보』 보도 '메모'를 정서한 것으로 보인다. 한국 측 원본이 어디에 있는지는 확인할 길이 없다.

양국 정상의 승인을 전제로 하였던 '김-오히라 합의'에 대해 박정희는 합의 내용을 곧바로 수용하였다. 그러나 오히라가 금액을 너무 많이 제시한데 대해 불만을 갖고 있던 이케다는 한 달 뒤에서야 금리, 상환기한, 채권(O.A : Open Account)의 처리 등에 관해 재고하라는 지시 후 이를 승인하였다.[43] 이로 인해 '김-오히라 합의'에 대한 수정작업이 진행되었으나 양국은 쉽게 합의에 도달하지 못했다. 일본은 청구권문제와 문화재 및 선박문제의 일괄타결을 주장하면서 문화재와 선박문제에서도 한국 측의 양보를 요구해

김종필-오히라 합의[44]

1. 무상을 Korea 측은 3.5억 불(O.A: 오픈 어카운트 포함), Japan 측은 2.5억 불(오픈 어카운트 불포함), 이것을 양자가 3억 불(오픈 어카운트 포함)을 10년 기간, 단 조상[繰上: 조기의 일본식 표현 *필자주] 조건으로 양 수뇌에게 건의한다.
2. 유상을(해외경제협력기금) Korea 측은 2.5억 불(이자는 3分 이하, 7년 거치, 20~30년), Japan 측은 1억 불(이자는 3.5分, 5년 거치, 20년), 이것을 양자가 2억 불, 10년 기간, 이자는 3.5分, 단 繰上 가능 조건(6~10년), 거치 7년, 20년으로 양 수뇌에게 건의한다.
3. 수출입은행의 것에 대해서: Korea 측은 별개의 취급을 희망, Japan 측은 1억 불 이상 프로젝트에 의해 申張 가능.

이것을 양자가 합의하여 국교정상화 이전이라도 바로 협력할 수 있도록 건의['추진'을 오기한 것으로 보임* 필자 주]할 것을 양자 수뇌에게 건의한다.
1962. 11. 24~11. 30 간에 양측의 의견을 교환한다.

왔다. 이러한 문제들은 이후 어업문제(한국은 별도의 어업협력 차관 요구, 일본은 12마일 전관수역을 규정한 어업협정 조기체결 요구)와도 연계되어, 1963년 7월 25일과 30일 도쿄에서 개최된 '김용식-오히라 외상회담'[45]과 1964년 2월 6일까지 계속 개최되었던 예비절충회의, 1964년 3월 12일 재개된 제6차 회담 본회의, 그리고 1964년 11월까지 이어진 수석대표 간 비공식회의에서 계속 다루어졌지만 합의점에 도달하지 못하다가 결국 제7차 회담으로 그 결말을 미루게 되었다.

'김-오히라 합의'는 그 자체로 한일회담을 완전히 타결 지은 것은 아니지만, 10년 넘게 한일회담의 최대쟁점이 되어온 청구권 금액에 합의를 이룸으로써 한일 국교정상화를 위한 단초를 마련하였다는 점에서 외교사적으로 큰 의미를 지니고 있다. 이 합의는 한일회담의 조기타결을 희망하던 박정희 대통령의 강한 의지와 박정희의 지원 하에 이루어진 한국 대표단이 체계적인 대일실무교섭, 그리고 김종필의 개인역량이 한데 어우러져 이루어 낸 결과라고 할 수 있다. 일본의 경우에는 식민지 지배에 대한 배상은 절대로 할 수 없다는 인식이 뿌리 깊게 자리 잡고 있었으나, 동아시아에서 한일 양국의 안보협력과 한국에 대한 경협 분담 등을 희망하는 미국의 압력에 의하여 한국과의 국교정상화를 위해서는 어떠한 방식으로든 '보상'을 할 수 밖에 없다는 판단이 이러한 결론에 도달토록 하였다고 보아야 할 것이다. 오히라 외상의 결단, 그리고 기시 전 총리 등 일본 정계 내의 '친한파' 인사들의 협조 등도 '김-오히라 합의'에 뒷받침이 되었다. 그러나 한국 국내에서는 이 합의가 '흑막거래의 산물' 또는 '평화선 및 어업문제의 양보의 대가' 등으로 매도당하면서 강한 반대에 부딪히고 말았다. 김종필은 국내의 격렬한 반대와 미국의 압력에 의해 결국 이후에 진행된 한일회담에서 손을 떼게 되었다.

O.A.(Open Account)

O.A.(Open Account)는 청산계정 또는 청산감정(勘定)이라고도 한다. 1950년 6월 한국은 연합군최고사령부의 점령 하에 있던 일본과 무역협정 및 금융협정을 체결하였는데, 협정 체결 후 한일 양국 간의 무역결제는 일본은행에 설치된 '한일청산계정'을 통해 이루어지게 되었다. 6·25전쟁 발발 후 전쟁 특수 등으로 인해 일본으로부터의 수입이 급증하면서 한국의 대일부채는 1961년 말 현재 4,573만 달러에 이르렀다.[46] 양국은 청구권협정(제2의정서)을 통해 일본이 한국에 제공하는 무상 청구권자금에서 O.A. 변제를 위해 매년 일정액을 공제하는 것으로 합의하였다.

종로에서의 한일회담 반대시위(1964)

한일 간에 가장 첨예하게 대립해 왔던 청구권문제가 '김-오히라 합의'를 계기로 고비를 넘김에 따라 이후 국교 정상화를 위한 나머지 교섭은 순조로이 진행되어 나갈 것으로 예상되었다. 그러나 회담이 완전히 마무리되기까지는 그 후 2년 반 정도의 시일이 더 소요되었다. 어업문제, 기본조약문제 등 나머지 현안에 대한 교섭이 남아있었는데, 일본은 특히 어업문제(한국의 40해리 전관수역주장에 대해 12해리로 양보할 것과 한국이 희망하던 어업협력차관에 소극적)를 청구권문제의 미해결사안(OA 지불 문제, 정부차관 상환기간)과 연계시키면서 회담진전을 위한 교섭에 소극적인 자세를 보였다. 일본 측의 소극적인 대응과 함께 한일회담 타결이 지연

된 또 다른 이유는 1963년부터 1965년 초반까지 한국 국내 상황이 '김-오히라 합의'를 둘러싼 극심한 반대로 혼란에 휩싸였기 때문이다. 이 합의에 대한 한국 국내에서의 반대는, '군사정변'으로 정권을 잡은 박정희, 김종필에 대한 정치적 차원의 반대, 반일감정에 기초하여 일본에 대한 '징벌적' 성격의 배상요구로 식민지 지배에 대한 피해를 보상받고자 하는 국민들의 바람, 일본으로부터의 자본도입이 한국경제의 일본종속이 될 지도 모른다는 우려 등이 혼재되어 일어난 현상이라고 할 수 있다.

한일회담은 2년여의 공백 끝에 1964년 12월 3일이 되어서야 제7차 회담으로 재개되었다. 박정희 대통령은 자신의 비서실장이었던 이동원을 외무장관에 임명하고, 이승만 정권에서 외무부 정무국장, 차관을 역임하면서 한일회담에 깊숙이 관여하였던 김동조를 주일대사 겸 회담 수석대표로 재 등용하여 새로운 진용을 구축한 뒤, 이들로 하여금 교섭의 조기타결에 매진토록 하였다. 일본 측 수석대표는 스기가 계속 맡았다가 병으로 사망하면서 제3차 회의부터 다카스기 신이치(高杉新一) 미쓰비시 전기회사 상담역으로 교체되었다. 제7차 회담의 과제는 청구권 금액 타결 이후 계속

미해결 상태로 남아있던 청구권협정의 명목, 청산계정(OA)의 처리, 정부차관의 상환기간 등 몇 가지 사안들과 '평화선' 및 어업문제에 대한 일본과의 입장 차를 해소하고, 협정 문안을 작성함으로써 교섭을 마무리 짓는 일이었다. 이 가운데 '평화선'·어업문제는 그간의 회담에서 한국 측에 매우 유용한 협상 지렛대로 활용되었으나, 일본과의 핵심 교섭사안이었던 청구권금액에 합의가 이루어지고 난 후로는 오히려 한국 측에 회담진행을 방해하는 장애요소로 작용하였다.

양국이 교섭에 적극 임하면서 가장 먼저 진전을 이룬 것은 기본관계조약이었다. 이동원 외무장관의 초청으로 1965년 2월 17~20일 간 한국을 방문한 시나 에쓰사부로(椎名悦三郎) 외상은 김포 도착 성명에서 "양국 간의 오랜 역사 중에 불행한 기간이 있었던 것은 참으로 유감스러운 일로서 깊이 반성하는 바이다"[47]라고 발언함으로써 한국 국민의 감정을 어느 정도 완화시켜 한일회담의 최종타결을 위한 분위기 조성에 기여하였다. 시나 외상의 방한기간 중 실무자들 간에 기본관계조약 문구에 관한 밀도 높은 교섭이 진행되어 남아있던 입장차가 해소되었으며, 2월 20일 조약 문안에 대한 가서명이 이루어졌다. 이번에는 이동원 장관이 시나 외상의 초청으로 3월 23일부터 일본을 방문, 당초 공식 방문기간의 마지막 날인 3월 27일을 넘겨 4월 3일까지 도쿄에 체류하면서 한일회담 마무리를 위한 교섭에 직접 임하였다. 차균희 농림부장관도 3월 2일부터 24일까지 일본을 방문하여 아카기 무네노리(赤城宗德) 농림대신과 어업문제에 관해 집중적인 토의를 하면서 양국 간 미결안건에 대한 합의점을 찾아나갔다. 이러한 노력의 결과로 양국은 4월 3일 청구권, 어업 및 재일한인 법적지위 등 3개 현안의 기본적인 사안들에 관해 타결하고 합의사항을 담은 문건에 가서명하였다.

한국은 일본과의 주요 현안들이 대부분 타결됨에 따라 이후 남은 작업은 가서명된 '합의사항'에 기초하여 세부사항을 조율하면서 협정 문안을 작성하면 되는 것으로 생각하였다. 따라서 가급적 일본과의 논쟁을 피하고 조기에 협상을 타결 짓는다는 자세로 교섭에 임하였다. 그러나 청구권협정과 어업협정의 조문작성 교섭은 쉽사리 결론을 내지 못하였다. 일본이 특히 청구권협정과 관련, 한국에 제공키로 한 자금의 명목과 협정에 의한 청구권의 해결문제에 집착하면서 협정조문교섭을 어렵게 하였기 때문이다. 한국에 5억 달러의 자금을 제공하는 일본은 협정을 통해 청구권문

한일협정 조인식(일본총리관저, 1965. 6. 22)

제가 완전히 해결된다는 조항을 포함시키기를 원했던 것이다. 한국 대표단은 일본 측과 호텔에서 합숙 교섭까지 하는 진통을 겪으며 이견을 좁혀나갔다. 결국 청구권협정과 어업협정의 미결 부분은 협정 조인을 목적으로 6월 20일부터 일본을 다시 방문한 이동원 외무장관이 시나 외상과의 협상을 통해 최종적으로 타결 지음으로써 13년 8개월이 소요된 한일회담이 마침내 종결되었다.

6월 22일 이동원 장관은 일본 총리관저에서 김동조 주일대사, 일본 측의 시나 외상 및 다카스기 대표와 함께 한일 국교정상화를 위한 1개의 조약과 4개의 협정, 그리고 2개의 의정서(청구권 및 경제협력 협정 부속문서)에 조인하였다.

조인된 조약과 협정은, ① 대한민국과 일본국 간의 기본관계에 관한 조약, ② 대한민국과 일본국간의 재산 및 청구권 문제의 해결과 경제협력에 관한 협정, ③ 대한민국과 일본국 간의 어업에 관한 협정 및 부속서, ④ 대한민국과 일본국 간의 일본국에 거주하는 대한민국 국민의 법적지위 및 대우에 관한 협정, ⑤ 대한민국과 일본국 간의 문화재 및 문화협력에 관한 협정, 그리고 ⑥ 제1의정서, ⑦ 제2의정서이다. 양국 외무장관은 이어 교환공문 9건(청구권 및 경제협력 4, 어업 4, 분쟁의 해결 1)에 서명하고, 합의의사록 5건(청구권 및 경제협력 2, 어업 1, 재일한인 법적지위 1, 문화재 1)에 '이니셜'하였다(이상은 한국에서 모두 조약으로 성립됨). 이밖에 어업에 관한 왕복서한 1건과 어업 및 법적지위에 관한 토의기록 2건이 담당국장 등에 의해 '이니셜'되거나 서명 후 교환되었으며, 어업협정 서명에 즈음한 양국 담당 장관의 성명(2건)이 부속문서로 포함되었다.[48] 이와는 별도로 한국의 김영준 경제기획원 차관보와 일본의 야나기다 세지로(柳田誠二郎) 해외경제협력기금 총재 간에 2억불 장기저리차관 약정도 서명되었다. 총 27건에 이르는 조약, 협정 및 부속문서가 조인되거나 교환된 것이다.

    양국은 각각 국내 비준절차를 거친 후 같은 해 12월

18일 비준서를 교환함으로써 이들 조약과 협정은 발효되었다(재일한국인 법적지위 및 처우에 관한 협정은 비준서 교환일로부터 30일 이후에 발효하는 것으로 됨에 따라 1966년 1월 17일 발효). 양국은 이 날자로 국교를 정상화하였다.

한일협정이란?
기본관계에 관한 조약
청구권 협정
재일한국인의 법적지위 및 대우에 관한 협정
어업협정
문화재 및 문화협력에 관한 협정

한일협정이란 무엇들일까요?

한일협정이란?

한국은 일본과 길고도 어려운 협상 끝에 그 결과물로 기본관계에 관한 조약과 4개의 협정(및 그 부속문서)을 체결하였다. 이 조약과 협정들을 통칭하여 한일협정이라고 부른다. 한일협정은 36년간 일제의 한반도 강점으로 왜곡되었던 한일관계의 현상들을 바로잡고 1965년 이후 두 나라가 협력관계를 발전시켜 나가는 데 중요한 밑거름이 되었다. 다음에서는 이들 조약과 협정에 관해 간략히 정리해 보고자 한다.

기본관계에 관한 조약

통상한일기본조약 또는 기본관계조약으로 불리는 이 조약의 정식 명칭은 '대한민국과 일본국 간의 기본관계에 관한 조약'이다. 이 조약은 한일 간의 과거를 청산하고 새로운 관계의 수립에 필요한 기본적인 내용을 담은 한일회담의 가장 중요한 결과물 중 하나이다. 조약의 주요 내용은 ① 양국 간 외교 및 영사 관계 수립(제1조), ② 대한제국과 대일본제국 간 체결된 구 조약의 무효 확인(제2조), ③ 대한민국 정부의 유일 합법성 인정(제3조) 등으로 구성되어 있다.

이 조약은 당초 한일 양국의 조기 국교정상화를 희망하던 미국의 희망이 뒷받침되면서[49] 한일회담이 시작되자마자 교섭에 급진전을 이루어 제1차 회담에서 초안이 교환되었다. 그러나 과거 관계 청산 후 새로운 관계 수립을 주장하는 한국과 과거 관계 관련 규정은 가능한 한 배제하고 장래의 관계 설정에 중점을 두고자 했던 일본 측과의 입장 차로 이 초안은 폐기되고 말았다. 그 후 기본관계조약은 양국이 청구권과 어업문제 등 다른 현안에 몰두하는 바람에 제6차 회담까지 별다른 진전을 이루지 못하다가, 제7차 회담이 시작되어 일본 측이 적극적인 자세로 협상에 임하면서 여러 현안 중 가장 먼저 합의에 도달하였다. 양국은 1965년 2월 20일 시나 외상의 방한 마지막 날 영어로 작성된 조약 문안에 가서명하였다.

이 조약은 영어본으로 조문 교섭을 시작하여 합의된 영어본에 가서명한 후 양국이 각각 한국어본과 일본어본을 작성하는 과정을 거쳐 완성되었다.[50] 이 과정에서 양국이 몇 개의 영어 단어에 대해 이견을 보이는 상황이 발생하였다. 그 대표적인 것이 제2조의 'already null and void'의 'already'(한국어로는 '이미', 일본어로는 'もはや')와 제3조의 'the Republic of Korea is the only lawful Government in Korea'의 'Korea'(한국어로는 '한반도', 일본어로는 '朝鮮'), 그리고 'as specified in the Resolution 195(III) of the United Nations General Assembly'의 'as specified'(한국어로는 '명시된 바와 같이', 일본어로는 '示されているとおり')였다.[51] 결국 양국은 1965년 6월 22일 조약 비준 직전 미결 부분에 대한 최종 협상을 위해 개최된 외무장관 회담에서, 상대방의 번역문에 대해 양해가 이루어지지 않았다는 유보하에 상대방이 사용하는 문장에 대해서는 서로 이의를 제기하지 않기로 합의하고[52] 조인하였다. 이 중 주지하는 바와 같이, 조약 제2조의 'already'에 대한 해석차, 즉 한국은 1910년 8월 22일 및 그 이전에 대한제국과 대일본제국간에 체결된 모든 조약 및 협정이 체결 당시 이미 무효였다는 입장인데 반해, 일본은 기본관계에 관한 조약 체결을 통해 과거의 조약 및 협정이 무효가 되었다는 입장이 오늘날까지 이어지면서 양국 간 갈등요소로 작용하고 있다.

청구권 협정

일반적으로 우리가 한일협정이라고 하면 청구권협정을 의미하는 경우가 많다. 13년 8개월간의 한일회담 교섭과정을 통하여 한국이 가장 역점을 두었던 사안이 청구권에 관한 문제이며 이 문제의 해결 내용을 담은 것이 바로 청구권협정이기 때문이다. 청구권협정은 일본군'위안부' 문제, 강제동원 피해지원문제 등 과거사문제와 관련한 일본과의 외교적 갈등이 재연되거나, 피해자(또는 지원단체)들의 한국 정부나 일본 정부 또는 일본 기업을 상대로 한 소송이 제기될 때마다 협정을 통해 해결된 청구권의 범위, 청구권의 소멸 등을 둘러싸고 끊임없이 논란이 야기되어 왔다. 한국 정부는 2005년 8월 26일 청구권협정의 효력범위 문제 및 이에 대한 정부대책 방향 등에 관한 논의를 위해 '한일회담 문서공개 후속대책 관련 민관공동위원회' (공동위원장 이해찬 국무총리, 이용훈 정부공직자윤리위원장)를 개최하였다. 회의 결과 청구권협정의 성격과 관련하여 "기본적으로 일본의 식민 지배 배상을 청구하기 위한 것이 아니었고, 샌프란시스코 조약 제4조에 근거하여 한일 양국 간 재정적·민사적 채권·채무관계를 해결하기 위한 것이었다"라는 입장을 발표한 바 있다. 이러한 입장은 현재까지도 유지되고 있다.[53]

청구권협정의 정식 명칭은 '대한민국과 일본국 간의 재산 및 청구권 해결과 경제협력에 관한 협정'이다. 이 협정은 본 협정과 8개의 부속 문서로 구성되어 있다. 본 협정 및 부속문서 이외에도 '차관계약'이 한국의 김영준 경제기획원 차관보와 일본 야나기다 세지로 해외경제협력기금 총재 간에 별도로 체결되었다. 청구권 협정의 중요내용은 다음과 같다.

청구권협정의 주요 내용

구 분	조 항	주요 내용
청구권에 관한 명목문제	협정 전문 (前文)	• 한일 간의 청구권문제 해결 및 경제협력 증진
무상제공	협정 제1조 (a)	• 총액 3억 불의 생산물 및 용역 무상제공 　- 10년간 균등분할 제공 　- 단, 재정사정에 따라 양국정부 합의 단축실시 가능
정부차관	협정 제1조 (b)	• 경제협력기금에 의한 총액 2억 불의 장기처리 차관 제공 　- 10년간 균등분할 제공, 연리 3.5%, 7년 거치 포함 20년 분할 상환 　- 단, 재정·자금 사정에 따라 쌍방 합의로 상환기간 연장가능
민간신용제공	상업상의 민간신용 제공에 관한 교환공문	• 총액 3억 불 이상 • 어업협력기금 9천만 불 및 선박도입자금 3,000만 불 포함
한일청산 계정에 의해 확인된 대일채무	제2의정서 제1조	• 10년간 균등 분할 변제 • 매년 한국 요청으로 일본 측이 새로운 동의를 요함이 없이 당해 연도 일본 측의 무상 제공액 중에서 감액함으로써 현금지불로 간주
청구권의 해결	협정 제2조	• 협정 체결 시 존재하는 한일 양국 및 양 국민의 재산과 양국 및 양 국민 간의 청구권 관련 문제는 샌프란시스코 강화조약 제4조에 규정된 것을 포함, 완전히 그리고 최종적으로 해결된것으로 함 　- 단, 한일 양국 및 양 국민 간의 채권 채무관계로서 전후 통상의 거래 계약 등으로부터 생긴 관계에 의한 것은 영향을 받지 아니함
	합의의사록(1) 2 g 및 h	• 대일청구권요강 8개항 완전 해결 • '평화선' 내에서 나포된 일본 어선과 어민에 대한 보상(약 2,000만 달러)도 해결
협정 해석 및 실시에 관한 분쟁의 해결	협정 제3조	• 우선적으로 외교상의 경로를 통해 해결 • 외교경로상의 해결이 불가한 분쟁은 중재위원회를 통해 해결

청구권협정은 그 교섭과정에서부터 한국 국내에서 격렬한 비판을 받아왔으며 오늘날까지도 비판이 이어지고 있다. 청구권협정을 올바로 이해하기 위해서는 어떠한 비판이 있었는지를 살펴볼 필요가 있다.

1962년 11월 12일 '김-오히라 합의'를 통해 청구권 금액이 극적으로 타결되었으나 한국 국내에서는 이 합의가 어업 및 '평화선'문제에서의 일방적인 양보와 일본으로부터 정치자금을 받고 이루어진 일종의 흑막거래[54]였다는 비판이 제기되었다. 이후 이러한 비판이 도화선 역할을 하면서 한일회담을 반대하는 극렬한 시위가 벌어졌다. 한국에서의 한일회담에 대한 반대는 '군사정변'을 통해 정권을 잡은 박정희와 김종필에 대한 반감과 일본경제에의 또 다른 종속 우려 등 정치·경제적인 요인들이 직접적인 이유가 되었지만, 그 근저에는 일본과의 타협을 쉽게 용납하지 않으려는 국민들의 반일감정이 뿌리 깊게 자리 잡고 있었기 때문이라고 보는 것이 타당하다.

청구권협정이 체결된 후에는, 경제협력방식에 의해 일본으로부터 자금이 도입될 경우 경제적으로 일본에 대한 종속화가 심해질 것이라는 비판이 본격적으로 제기되었다. 실제로 청구권 자금 도입으로 인하여 한국경제가 일본식 발전과정을 답습하게 되었고, 일본경제에 대한 의존도가 높아지면서 무역수지의 불균형 상태가 지속되었으며, 한국 국내적으로 부의 불균형, 기업규모의 불균형, 지역 간 개발의 불균형 등 이중구조의 모순을 안게 되는 등 부정적 측면이 존재하였다는 점에서 이 비판은 일정 부분 타당성을 지니고 있다. 그러나 청구권 자금이 제2차 경제개발 5개년계획의 필수 외자로 충당됨으로써 한국경제의 '공업화'와 '수출입국'을 가능케 하였을 뿐 아니라, 다른 나라들로부터의 외자 도입의 기폭제 역할을 함[55]으로써 한국 경제발전에 기여한 바가 컸다는 점은 어느 누구도 부인할 수 없을 것이다.

일본으로부터 받은 청구권 자금의 액수가 너무 적다는 비판도 있었다. 36년간 일제의 식민통치로 피해를 입은 한국이 일본으로부터 받은 청구권 금액(무상 3억 달러, 유상 2억 달러, 상업차관 3억 달러 이상)이 2년여의 전쟁피해로 필리핀이 받은 배상액(무상 5.5억 달러, 상업차관 2.5억 달러)과 같다는 점에서 한국이 너무 적게 받은 것이 아니냐는 주장이 제기되곤 하였다. 그러나 이 문제와 관련해서는 청구권 금액에 관한 교섭이 일본의 집요한 역청구권 주장을 극복하면서 얼마나 어렵게 진행되었는지를 상기할 필요가 있다. 일본이 한국에 제공한 무, 유상 자금 5억 달러는 세계 14위권(2015년 현재)으로 성장한 오늘날의 한국경제 규모와 틀 속에서 바라본다면 하찮은 금액일 수도 있다. 그러나 청구권 자금이 도입되기 시작한 1966년 한국의 총 수출액이 2억 5,000만 달러,[56] 해외에서 수입한 자본재 총액이 2억 2,460만 달러에 불과[57]하였다는 점을 감안한다면, 그 해에 일본에서 도입한 8,459만 달러의 자금(무·유상 자금 합계)은 결코 적은 액수라 할 수 없을 것이다.

이러한 문제들에 더하여 청구권협정에 "(모든 청구권이) 완전히 그리고 최종적으로 해결된 것이 된다"는 규정(제2조 1항)이 포함됨으로써 피해자들의 개인청구권마저 소멸되었다는 비판이 있었다(이 비판은 오늘날까지도 이어지고 있다). 한국 정부가 교섭과정에서 개인청구권을 포기, 즉 국내보상으로 유보하고 국가 차원의 일괄타결방식으로 청구권문제를 해결할 수밖에 없었던 것은, '법적 근거와 사실 증거'를 통하여 개개인의 청구권을 입증하는 것이 여러 가지 이유(일본 측의 고의적인 증거인멸, 장시일의 경과 및 6·25전쟁으로 인한 증거 보존 불충분, 대한민국의 시정권이 사실상으로 미치지 못하고 있는 북한 지역에 관련된 사실관계 입증 곤란 등)로 사실상 불가능하였기 때문이다. 또한 일본이 제의한 국교정상화 후 일본 원호법에 의한 개인 차원의 보상을 수용할 경우 일본의 식민지 지배를 정당한 것으로 인정하는 형국이 되기 때문에[58] 이를 거부할 수밖에 없었을 것이라는 점도 이해할 필요가 있다. 한국 정부는 현재 이 문제와 관련해서는 청구권협정으로 한국 국민 개개인들의 피해에 대한 외교적 보호권이 소멸됨으로써 정부가 개인을 대신하여 일본 정부에 문제제기를 할 수는 없게 되었지만, 개인이 일본 정부나 기업을 상대로 소송을 제기하는 권한마저 상실한 것은 아니라는 입장을 취하고 있다.[59]

청구권협정에 대한 비판은 이후, 한국 정부의 피해자들에 대한 국내보상정책을 둘러싸고 보다 실질적인 비판으로 이어졌다. 한국 정부는 일본과의 교섭과정에서는 추후 자체적으로 피해자들에게 보상하겠다는 생각을 갖고 있었다. 그러나 막상 청구권자금 도입이 결정되고 이 자금의 운영 및 관리를 위한 입법과정에서 피해자들에 대한 보상 조항을 포함시키지 않았다가 피해자들과 정치권의 요구로 이를 포함시키는 등 일관성 없는 모습을 보였다. 뒤늦게 1975년부터 2년간 실시한 보상도 재산상의 피해(예금, 일본은행권, 유가증권, 해외송금, 기탁금, 보험금, 채권 등)외에 인적피해는 피징용 사망자에 대한 보상(1인당 30만 원)만을 포함시키는 등 매우 제한적이었다. 한국 정부로서는 한정된 자금을 경제개발에 투입하여 국민소득을 향상시키는 일이 무엇보다도 시급한 과제였기 때문에 피해자들에 대한 보상이 지연되고 제한적[60]이었다고 설명했지만, 결국 스스로 비판을 자초한 셈이다. 한국 정부는 70년대에 이루어진 보상[61]에 대한 비판여론과 민원제기가 끊이지 않음에 따라, 2004년부터 새로운 입법을 통해 강제동원피해자들에 대한 추가적인 보상(지원)을 실시하였다. 2015년 12월 31일 관련 사업이 종료될 때까지 총 6,184억 3,000만 원을 피해자나 유족들에게 지원[62]하였으나, 이 기간 중 피해자들의 일본기업을 상대로 한 소송들이 국내적으로 보다 큰 주목을 받는 바람에 이 추가지원사업은 큰 평가를 받지 못하고 말았다.

재일한국인의 법적지위 및 대우에 관한 협정

이 협정의 정식 명칭은 '대한민국과 일본국 간의 일본국에 거주하는 대한민국 국민의 법적지위와 대우에 관한 협정'이다. 일본이 한국과의 양자협의, 즉 한일회담에 응한 이유는 전후 일본에 남게 된 한인들의 처리문제가 시급했기 때문이라는 점은 앞에서 설명한 바 있다. 따라서 이 안건은 한일회담의 예비회담에서부터 수위원회가 구성되어 협상이 시작되었다. 한국은 일본과의 협상에서 국적문제, 영주권부여문제, 재산의 한국 반입 및 송금문제 등 재일한인들이 안고 있던 여러 문제점들을 해결하고자 노력하였다. 그러나 일본은 제4차 회담까지는 주로 재일한인들의 한국 송환문제에만 관심을 보이다가 제5차 회담에서부터 비로소 전반적인 문제에 대한 토의

재일한국인의 법적지위 및 대우에 관한 협정 주요 내용

조항	구분	주요 내용
제1조	재일한국인에 대한 영주권 부여	○ 아래 재일한국 국민에 대해서는 협정 발효일(1966년 1월 17일)로부터 5년 이내에 영주허가 신청 시 이를 허가 　- 1945년 8월 15일 이전부터 신청 시까지 계속 일본 거주자 　- 위의 직계 비속으로서 1946년 8월 16일 이후 협정발효일로부터 5년 이내에 일본에서 출생하고 영주허가 신청 시까지 일본에 계속 거주하는 자 ○ 위 영주 허가자의 자녀로서 협정 발효일로부터 5년경과 후 일본에서 출생하고 출생일로부터 60일 이내 영주허가 신청 시 이를 허가
제2조	재일한국인 3세의 지위에 관한 문제	○ 제1조에 따라 일본 영주가 허가되어 있는 자의 직계비속(소위 3세)으로서 일본에서 출생한 한국 국민의 일본거주에 관해서는 한국 정부의 요청이 있을 겨우 협정 발효일로부터 25년이 경과할 때까지 협의를 행함
제3조	재일한국인의 강제퇴거 요건	○ 내란 또는 외환에 관한 죄로 금고 이상의 형에 처하여진 자 ○ 국교에 관한 죄 또는 외국원수, 외교사절과 그 공관에 대한 범죄행위로 금고 이상의 형에 처하여진 자 ○ 영리를 목적으로 한 마약류의 거래로 무기 또는 3년 이상의 징역 또는 금고에 처하여지거나 3회 이상 형에 처하여진 자
제4조	재일한국인에 대한 교육·생활보호·국민건강보험/귀국자 재산 반출 및 송금	○ 타당한 고려
제5조	재일한국인에 대한 처우	○ 일본 영주가 허가되어 있는 한국 국민은 모든 외국인에게 동등히 적용되는 일본 법령의 적용을 받음(최혜국 대우)

에 응하였다. 양국은 협상 끝에 본 협정 및 1건의 합의의사록을 체결하였다.

한국 정부는 일본과의 국교정상화 후 재일한국인의 지위 향상을 위해 이 협정 제2조에 따라 일본 측과 교섭을 계속하였다. 그 결과 1991년 1월 10일 '재일한국인 3세 이하 자손의 법적지위에 관한 각서'를 교환하였다. 이 각서 교환을 통해 재일한국인들은 지문날인제도의 2년 이내 철폐, 국공립 교원 및 지방공무원 채용, 민족교육 등 사회생활상의 처우 개선을 보장받게 됨으로써 사실상 1965년 체결된 이 협정을 전면 개정하는 효과를 가져왔다. 이 후에도 일본에 대한 지속적인 교섭을 통해 1992년 6월부터 재일한국인 특별 영주자에 대한 지문 날인 철폐, 2009년 7월부터 재일한국인 특별 영주자에 대한 외국인등록증 상시 휴대 의무 폐지 등의 성과를 거두었다.

어업협정

이 협정의 정식 명칭은 '대한민국과 일본국 간의 어업협정'이다. 일본은 제2차 세계대전 전까지 전 세계에서 가장 많은 어획고를 기록하던 국가였다. 이러한 점을 고려, 주일연합군사령부는 전후 일본의 무절제한 어로 행위를 방지하는 차원에서 1946년 6월 일본 열도 주변에 '맥아더 라인'을 설정하고 일본 어선들이 이 선을 넘어 조업하지 못하도록 하였다. 이어 샌프란시스코 대일강화조약의 발효로 '맥아더 라인'이 폐지될 것에 대비, 강화조약 제9조에 일본이 연합국 중에 희망하는 국가와 의무적으로 양자 혹은 다자간 어업협정을 체결하도록 규정하였다. 한국은 비록 대일강화조약의 당사국이 되지는 못했지만, 조약 제21조 규정에 따라 일본과 어업협정을 체결할 수 있는 권리를 부여받았으며, 이에 따라 한일회담이 시작되자 곧바로 일본 측에 어업문제의 교섭을 제의하였다. 그러나 일본은 어업문제 교섭에 성의를 보이지 않았다. '맥아더 라인'이 폐지될 경우 가장 직접적인 피해를 받을 수밖에 없었던 한국으로서는 일본과의 어업협정이 체결될 때까지 어업자원의 보호와 어민들의 권익 보장을 위해 1952년 1월 18일 '인접 해양에 대한 국가주권선언'을 하고 '맥아더 라인'을 대체할 '평화선'을 선포하였다.

이후 한국이 '평화선'을 침범하는 일본 어선들을 나포하고 어민들을 구금하는 등 실력행사에 돌입하면서 어업 및 '평화선' 폐지문제는 청구권문제와 더불어 한일회담의 핵심 사안, 특히 일본이 가장 중요시하는 사안이 되었다. 한국 정부는 일본이 청구권문제 교섭에 소극적인 태도를 보이거나 결렬된 회담의 재개에 응하지 않을 때마다 일본 어선에 대한 나포를 강화함으로써 일본에 압박을 가하였다. 어업문제는 초기회담에서 한국의 협상력을 높이는 좋은 재료로 활용되었다. 그러나 제6차 회담에서 '김종필-오히라 합의'를 통해 청구권 금액에 타결을 이룬 후로는 이 문제가 한국의 발목을 잡는 사안으로 변질되고 말았다. 일본이 어업과 '평화선'문제를 청구권문제의 미결 사안(청구권

어업협정 주요 내용

구분	주요 내용
목적	<ul><li>어업자원의 최대 지속적 생산성 유지, 자원의 보호와 개발</li><li>공해 자유의 원칙 존중, 분쟁의 원인제거</li><li>어업발전을 위한 상호 협력 (이상 협정 前文)</li></ul>
어업 전관수역	<ul><li>12해리 어업전관수역 인정(협정 제1조 1) 및 직선기선 사용 시 상대국과 협의</li><li>중복수역의 경우 양분(협정 제1조 3)</li></ul>
공동 규제수역	<ul><li>공동규제수역의 설정(협정 제2조)</li><li>연간 15만 톤(+1만 5,000톤 이내 허용)어획, 625척 출어(협정에 대한 합의의사록 2항)</li><li>단속/재판관할권: 기국주의 채택(협정 제4조) - 어선의 단속(정선 및 임검 포함)은 어선이 속하는 국가가 실시(협정 제4조) - 규제조치 위반통보, 합동순시, 상호 승선, 단속 상황 시찰(합의의사록 3항)</li><li>공동규제수역 외측에 공동자원조사수역 설정(협정 제5조)</li></ul>
어업협력	<ul><li>상업차관 3억 달러 중 9,000만 달러를 어업협력자금에 충당(청구권협정 부속문서인 상업상의 민간 신용 제공에 관한 교환공문 1항)</li><li>어업에 관한 정보 및 기술의 교환, 어업전문가 및 기술자의 교류 등(어업협력에 관한 교환 공문)</li></ul>
어업공동위	<ul><li>어업협정에 규정된 제반 주요 사항 검토, 필요조치 권고 등(협정 제6, 7조)</li></ul>
분쟁 해결	<ul><li>분쟁은 우선 외교 경로를 통해 해결하고, 해결 불가 시 3명이 중재위원으로 구성된 중재위에 부의(협정 제9조)</li></ul>
협정 유효기간	<ul><li>협정의 유효기간은 5년, 그 후는 일방 체약국이 종료의사 통고 후 1년간 효력 유지(협정 제10조)</li></ul>

협정의 명목, 청산계정(OA)의 처리, 정부차관의 상환기간 등)을 비롯하여 다른 안건들의 해결과 연계시켰기 때문이다.

양국은 제7차 회담 기간 중 개최된 농림수산부장관 간 회담에서의 치열한 협상, 그리고 호텔에서의 막바지 협정 조문 교섭 등 어려운 과정을 거친 끝에 어업협정을 마무리할 수 있었다. 어업협정은 본 협정과 부속서, 교환공문 4건, 합의의사록 1건으로 구성되어 있다.

1965년에 체결된 어업협정은 한국 연안에서 일본 어선의 조업이 가능한 수역 범위와 어획량, 출어 회수를 정하는 문제 및 어선 단속을 누가 하는가 하는 문제가 핵심 사안이었다. 당시 일본은 한국보다 우월한 어로 장비 및 기술을 보유하고 있었기 때문에 한국의 배타적 조업수역(전관수역)을 최소화(12해리)함으로써 일본 어선들의 조업 가능 수역을 가능한 한 넓히고 더 많은 어획량과 출어 회수를 확보하려 하였다. 이에 반해 한국은 전관수역을 40해리로 설정하여 일본의 한국연안 조업을 최소화하고자 하는 입장이었다. 결국 협정은 한국의 양보에 의하여 일본에 유리한 방향(전관수역 12해리, 어선의 단속/재판 관할권은 기국주의 등)으로 타결되고 말았다. 이로 인해 한국에서는 청구권문제 타결을 위해 일본에 어업문제를 지나치게 양보했다는 비판이 거세게 일어났다.

그러나 세월이 흘러 1980년대에 접어들면서부터 한일 간의 어업은 상황이 역전되기 시작하였다. 한국 정부의 집중적인 육성정책에 따른 어로기술의 발전으로 일본 연안에서 조업하는 한국 어선들이 많아지고 심지어는 이들이 조업자율규제를 위반하는 경우까지 발생하였다. 이로 인해 양국 간에 어업을 둘러싼 마찰이 빈번하게 일어났다. 1994년 200해리 배타적 경제수역(EEZ: Exclusive Economic Zone)을 핵심으로 하는 유엔해양법이 발효되고 1996년 1월에 한국이, 6월에 일본이 각각 이를 비준하였다. 이에 따라 1965년 어업협정의 기본인 12해리 전관수역과 공해체제 또한 더 이상 유지가 어려워졌다.[63] 양국은 1996년부터 EEZ의 경계획정과 함께 기존의 어업협정 개정을 위한 협상을 시작하였으나 중간수역의 처리문제, 직선기선의 기점 등에 관한 이해가 엇갈리면서 진전을 이루지 못하였다. 결국 일본은 협정 제10조에 따라 1998년 1월 23일 협정종료를 일방적으로 선언하였다. 양국 관계가 극도로 악화된 가운데 양국은 협상을 계속, 1998년 11월 28일 신한일어업협정을 체결하였으며, 이 신협정은 1999년 1월 22일 발효되었다. 신어업협정의 핵심내용은 ① 상대국의 EEZ에서의 조업을 허용하되(제2조), ② 어획이 인정되는 허종, 어획 할당량, 조업구역 및 기타 조업에 관한 구체적인 조건은 한일어업공동위를 통해 정하며(제3조), ③ EEZ에서 조업하는 어선에 대한 단속권은 그 EEZ가 속한 국가가 갖는다(제6조, 연안국주의)는 것이다. 신어업협정으로 일본 연안(일본의 EEZ 내)에서의 한국 어선의 조업이 제한을 받게 되었다.

문화재 및 문화협력에 관한 협정

이 협정의 정식 명칭은 '대한민국과 일본국 간의 문화재 및 문화협력에 관한 협정'이다. 한국은 한일회담이 시작되면서 일본 측에 불법수단에 의해 일본에 반출된 문화재 중 명목과 소재가 확실한 약 3,000점의 반환을 요구하였다. 이에 대하여 일본은 한국 문화재의 반출은 합법적으로 이루어진 것으로서 법적 반환 의무는 없으나, 문화협력의 일환으로 약간의 국유문화재를 증여하는 문제를 고려해 보겠다는 소극적인 반응을 보였다. 한국은 제1~3차 회담 때까지 문화재반환문제를 재산청구권문제의 일부로 간주하여 교섭하였으며, 제4차 회담부터 청구권과 별도로 교섭을 시작하였다. 일본은 구보타 '망언'으로 결렬된 한일회담의 재개 교섭에서 한국에 대한 우호적인 제스처로 1960년 4월 16일 100점의 문화재를 반환하기도 하였으나 이들은 문화적 가치가 그리 크지 않은 것들이었다.

    한국 정부는 지속적으로 일본에 문화재 반환을 요청하였으며, 결국 문화재 및 문화협력에 관한 협정 및 합의의사록 1건의 체결을 통해 일본은 협정 발효 후 6개월 내에 도자기 90종, 고고자료 84종, 석조 미술품 2종, 도서 852종, 체신관계 품목 20종을 한국에 반환하였다. 문화재 반환과 관련해서는 여전히 일본 내에 귀중한 한국 문화재가 많이 남아있기 때문에 앞으로 이에 관한 추가적인 교섭이 요구되고 있는 상황이다.

한일회담, 어떻게 평가할 것인가?

- 한일회담 결과에 대한 평가
- 한일회담에 영향을 미친 외부요인
- 한일회담 당시 한국의 교섭 여건
- 한국 정부가 한일회담 타결에 나선 배경

한일회담 결과에 대한 **평가**

13년 8개월간 한국 대표단이 최선을 다해 교섭에 임했던 한일회담이나 그 회담의 결과물인 한일협정은 한국 국내에서 긍정적인 평가보다는 부정적인 평가가 많은 것이 현실이다. 이 가운데에서도 일제강점이라는 불행했던 과거 역사를 청산하는 상징적인 의미를 지니고 있는 기본관계조약과 청구권협정은 그 불완전성으로 인하여 비판의 중심에 놓여있다. 한일 간에 과거사문제로 인한 갈등이 재연될 때마다 기본관계조약과 청구권협정을 개정하거나 새로운 협정을 체결해야 한다는 논란마저도 제기되고 있다. 그러나 우리가 한일회담이라는 과거의 역사와 그 결과물인 한일협정을 평가함에 있어 그 평가가 보다 공정하기 위해서는 회담이 시작되고 진행되었던 당시에 한국이 처해있던 여건이나 정황, 그리고 교섭과정에 대한 정확한 이해가 선행되어야만 한다고 생각한다. 사실 이 책도 그러한 부분에 대한 이해를 돕기 위함에 그 목적이 있는 것이다. 앞에서 한일회담이 시작된 배경과 교섭과정에 대해 살펴보았으므로, 다음에서는 한일회담에 영향을 미쳤던 한국의 국내외 여건과 당시의 국제정세 등을 정리해 보기로 하겠다. 그리고 마지막으로 한일협정과 과거사문제를 살펴봄으로써 이 책을 마무리하고자 한다.

한일회담에 영향을 미친 외부요인

샌프란시스코 대일강화조약과 한일회담

한국의 이승만 정부는 당초 샌프란시스코 대일강화회의 참가를 통하여 다자의 틀 안에서 일본으로부터 배상을 받고, 후일 일본과의 모든 현안을 한국 측에 유리하게 해결하며, 공산주의 진영에 대항하는 자본주의 진영의 일원으로서 인정받는 것을 목표로 하고 있었다. 그러나 한국은 영국의 반대와 함께, 이승만 대통령의 대일배상에 관한 강경입장이 미국의 정책과 조화를 이루지 못하면서 대일강화회의에 강화조약 서명국의 일원으로 초청받지 못하였다. 이로 인해 대일강화조약 제14조에 규정된 배상조항의 혜택도 받을 수 없게 되었다. 결국 한국은, 한일 두 나라의 국교정상화를 통해 '샌프란시스코 체제'의 완성을 도모하고자 했던 미국의 주선하에 차선책으로, 조약 제4조 a)항에 따라 일본과 양자협의 즉, 한일회담을 개최하게 되었고, 이 한일회담을 통하여 대일배상 문제를 해결하게 되었다. 한일협정을 비판하는 사람들은 한국이 샌프란시스코 대일강화조약의 서명국이 되지 못하고 일본과의 양자협의, 즉 한일회담을 통해 현안들을 해결할 수밖에 없었기 때문에 일본의 식민지 지배에 대한 청산이 이루어지지 않았으며 일본으로부터 제대로 배상도 받지 못했다고 주장한다. 그러나 한국이 대일강화조약의 당사국이 되었다 하더라도 그간 주장해온 일본의 식민지 지배에 대한 배상을 받을 수 있는 가능성은 매우 희박했다고 보는 것이 옳다. 대일강화조약은 제14조(청구권과 재산)에 일본이 최소한의 전쟁 피해만을 배상토록 규정하였을 뿐, 식민지 지배에 대한 배상은 전혀 반영하지 않았기 때문이다. 또한, 한국이 회의에 직접 참가하여 뛰어난 교섭력을 발휘했다 하더라도 미국 주도하에 이루어진 이러한 흐름을 극복하고 조약에 식민지 지배 배상조항을 포함시키는 것은 거의 불가능한 일이었을 것이다.

　　대일강화조약을 근거로 한일회담이 시작되었다는 것

은 한일회담이 '샌프란시스코 체제'의 '하부구조'로 편입되어, 한국이 일정한 제약 하에서 대일교섭을 진행할 수밖에 없었음을 의미한다고도 할 수 있다. 따라서 한국은 그만큼 독자적으로 교섭을 진행시켜 나갈 수 있는 여지가 제한되어 있었다고 보아야 할 것이다. '샌프란시스코 체제'의 설계자인 미국은 일본의 부흥을 원하였으며, 한국이 일본에 대해 식민지 지배에 대한 배상을 요구하는 것을 원하지 않았다. 한국이 일본과의 청구권협상과정에서 식민지 지배에 대한 배상요구가 아닌 반환 청구 등 사법(私法)적 성격의 청구권을 주장할 수밖에 없었던 데에는 이러한 근본적인 이유가 있었기 때문임을 우선 이해할 필요가 있다.

교섭 상대국인 **일본의 과거 역사**에 대한 **인식과 교섭 태도**

일본이 미국의 압력과 재일한인문제의 처리를 위해 별로 내키지 않은 한국과의 양자회담에 응하게 되었음은 앞에서 살펴본 대로이다. 일본은 기본적으로 자신들의 한반도 통치가 합법적이었다는 인식을 갖고 있었기 때문에 한국에 대해 사죄를 하거나 어떠한 배상이나 보상을 해야 한다는 생각을 일체 하지 않았다. 회담에 나온 일본 대표단들의 머릿속에는 식민지 지배가 한국에 도움을 주었으면 주었지 해를 입힌 것은 아니라는 생각이 가득 차 있었으며 이러한 생각은 제3차 회담에서 구보타 대표의 발언을 통해 직접적으로 표출되기도 하였다. 따라서 한일회담을 통해 식민지 지배에 대한 청산을 원했던 한국과의 충돌은 필연적이었다. 시나 외상이 1965년 2월 17일 한국 방문 시, "양국 간의 오랜 역사 중에 불행한 기간이 있었던 것은 참으로 유감스러운 일로서 깊이 반성하는 바이다"라고 한 바 있으나, 이 또한 한국 측의 치열한 교섭 끝에 나온 발언으로서 식민지 지배를 직접 언급한 것은 아니었다.

일본은 한국에 대한 배상은 있을 수 없다는 입장을 견지하면서 오히려 한국에 남기고 온 재산들에 대한 역청구권을 주장하였다. 그러다가 한국에 일정한 금액을 주지 않고서는 한일회담이 타결될 수 없다는 인식을 하게 된 미국의 압력으로 최종적으로 무상 3억 달러, 유상 2억 달러의 자금 제공에 합의하였다. 하지만 교섭의 마지막 순간까지도 자금의 명목과 관련, 청구권 또는 식민지 지배에 대한 피해 변제 내지는 배상이라는 점을 인정하려 하지 않았다. 1962년 11월 '김종필-오히라 합의'를 통하여 청구권 금액에 합의한 후, 오히라 외상은 그 명목에 관하여 "한일 국교 정상화를 축하하고, … 한국의 민생안전과 경제발전에 기여하기 위하여…"라는 안을 제시한 이래 일본 측은 청구권이 아닌 '경제협력'을 위한 자금으로 할 것을 회담기간 내내 고집하였다. 이러한 일본 정부의 생각은 한일협정 비준을 위한 일본 국회의 논의과정에서 시나 외상이 행한 답변에서 잘 나타나 있으며,[64] 일본 외무성이 협정체결 이후 1965년 11월에 발간한 『한일조약에 관하여』에도 명기되어 있다. 이 책자는 "법률관계 및 사실관계의 많은 점에서 한국 측과 의견이 대립하여 회담이 난항을 거듭하고 청구권의 변제액을 계산할 공통적인 기반이 한일 간에 존재하지 않는다는 것이 명백해졌다. 이러한 대립과 곤란을 넘어서기 위해 한국이 일본과 일체였다는 특수한 관계를 고려하여 금후 오랜 기간 한일 양국 간의 친교관계를 확립한다는 견지에서 우리나라가 한국의 민생안정과 경제발전에 공헌하기 위한 경제협력을 공여하고 동시에 한일 간의 청구권 문제가 해결되었음을 확인하려는 아이디어에 입각하여 '김종필-오히라 합의'가 성립되었다"고 설명하고 있다.[65]

국제사회의 식민지 지배에 대한 인식

일본이 식민지 지배에 대한 사죄나 배상을 하고자 하지 않았던 것은 당시의 시대적 상황으로부터 기인한다고 보아야 할 것이다. 샌프란시스코 대일강화조약의 산파역이었으며 후일 미국의 국무장관을 역임한 덜레스는 1950년 발간된 저서 『전쟁이냐 평화냐(War or Peace)』에서 서구의 식민지 지배가 기본적으로 지배를 받고 있는 사람들에게 무언가를 주기 위하여 실시된 것이라고 주장하였다.[66] 제3차 한일회담에서 구보타 일본 대표의 "일본의 36년간의 통치는 한국에 유익하였다"는 발언은 이와 일맥상통하는 것이다.

한편, 전 세계적으로 제2차 세계대전 종료 후 제국주의 국가의 식민통치에서 벗어나 국가차원에서 통치 국가를 상대로 식민지 지배에 대한 청산을 요구한 나라는 한국과 리비아 이외에는 없다. 식민통치를 받은 경험이 있는 국가 중 대부분의 아프리카 국가들은 독립 후 영국, 프랑스 등 종주국의 지원을 통해 정권을 잡은 지도자들이 국가를 통치하거나, 종주국들로부터 상당한 경제협력 지원을 받았던 관계로 식민지 지배에 대한 배상을 요구할 상황이 아니었다. 다소 민도가 높았다고 할 수 있는 동남아시아 제국은 샌프란시스코 대일강화조약의 연합국 지위를 부여받아 일본으로부터 전쟁 피해배상을 받을 수 있었기에, 자신들을 지배한 국가들에 대해 식민지청산을 요구할 생각을 하지 않았다. 미국과 영국이 일제의 식민지 지배 청산을 요구한 한국을 샌프란시스코 대일강화조약 당사국에서 제외한 이유 중 하나도 한국이 다른 피식민지 국가들에게 '나쁜 영향'을 끼칠 것을 우려한 때문이다.

리비아의 이탈리아에 대한 식민지 지배 배상요구

1911~1943년까지 이탈리아의 식민통치를 받은 리비아는, 1969년 무아마르 알 가다피(Muammar al-Qaddafi)가 정권을 잡은 이후 이탈리아를 상대로 식민지 지배에 대한 배상을 지속적으로 요구해왔다. 2008년 8월 30일 이탈리아의 실비오 베를루스코니(Silvio Berlusconi) 총리는 가다피와 식민지 지배에 대한 배상의 성격으로 향후 25년간 매년 2억 달러씩 총 50억 달러의 지원(이탈리아 기업이 베디적으로 공시를 맡는 조건하의 고속도로 등 기간시설 및 주택건설, 리비아 학생의 이탈리아 유학 비용 지원, 2차 대전 당시 이탈리아를 위해 일했던 리비아인에 대한 연금 지불 등)을 하는 내용의 "Treaty of friendship, partnership and cooperation between the Italian Republic and the Great Socialist People's Libyan Arab Jamahiriya"을 체결하였다. 조약문 자체에는 배상(reparation)이라는 단어는 사용되지 않았으며, 이탈리아가 이러한 배상 결정을 하게 된 배경에는 리비아의 원유개발 프로젝트에 등에 참여하려는 경제적 이해타산이 작용했다는 분석이 있다.[67]

전후의 국제질서가 제국주의를 경험한 국가들에 의하여 구축된 탓에 식민통치에 대한 배상과 청산을 상정한 국제규범 또한 만들어지지 않았다. 오늘날 시대가 바뀌고 국제사회의 가치관이 변하면서, 과거 식민지시대의 잔혹행위 피해자들에 의한 '종주국'의 사죄 및 배상요구가 이루어지고 있고, 주요국 국가원수들이 사죄를 하는 모습 또한 쉽사리 볼 수 있게 되었지만, "식민통치 경험이 있는 국가들은 (여전히) 제국주의와 식민주의의 관 뚜껑을 만지작거리면서도 피차 선례를 만들지 않으려는 태도를 취하고 있는 것"이 현실이다.[68] 한국은 이러한 일본과 또 다른 제국주의 국가들의 식민지 지배에 대한 인식에 맞서 싸우면서 불가피하게 청구권문제를 식민지 지배 피해에 대한 배상이 아닌 국가 차원의 경제협력 방식으로 해결하는 타협을 이룰 수밖에 없었다.

미국의 관여

미국은 1951년 한일 양국이 직접 대화하도록 주선한 이래 한일회담이 종결될 때까지 끊임없이 직, 간접적으로 관여하면서 회담의 타결을 위한 노력을 기울여왔다. 이러한 미국의 역할에 대해 "한일교섭은 한일 간의 2국 간 교섭이라기보다는 미국을 포함한 3국간 교섭이라고 할 정도로 미국의 영향력이 컸다"고 주장하는 학자도 있다.[69] 그러나 미국은 적어도 표면적으로는 한일회담에 대해 '불간섭정책' 또는 '불개입정책'[70]을 고수하려 했다. 그러다가 한일회담이 어떤 특정사안으로 결렬되고, 결렬된 회담이 재개될 기미가 보이지 않을 때에는, 따라서 미국이 구상하는 대아시아 전략에 차질이 우려 될 때에는 적극적으로 개입하는 모습을 보여주곤 하였다. 한일회담은 이러한 미국의 전략에 영향

영국의 식민통치 배상[71]

2006년 케냐인 3명이 케냐인권위원회를 대리인으로 내세워 영국 정부를 상대로 영국의 식민통치 기간 중 가혹행위(1950년대 '마우마우' 독립운동에 참여했던 케냐인들이 불법구금과 고문을 당한 사실)에 대한 손해배상 소송을 제기하였다. 이에 대해 영국 정부는 소멸시효 경과를 주장하며 피해배상을 케냐 정부에 떠넘기는 등 책임을 미루어 왔으나, 2012년 10월 런던 고등법원이 불법행위에 대한 증거가 충분하다며 재판개시를 명하자 영국 외교부가 청구인들과의 협상을 개시하였다. 협상 결과 영국의 헤이그 외상은 2013년 6월 6일 케냐에서의 영국 정부의 가혹행위에 대한 유감 표명과 함께 불법구금 및 고문피해자 5,228명에게 1,990만 파운드의 보상금을 지급하겠다고 발표하였다. 다만, 그는 식민지 지배행위에 대한 법적 책임을 수용하는 것은 아니라는 입장도 함께 분명히 하였다.

을 받을 수밖에 없었다.

　미국은 일본의 역청구권 주장으로 1952년 4월 제1차 회담이 중단되자 로버트 머피(Robert Murphy) 주일미국대사와 클라크 유엔군사령관이 적극 나서 이승만 대통령의 방일, 그리고 요시다 총리와의 회담을 성사시켰으며, '이승만-요시다 회담'을 통하여 회담의 재개에 합의토록 하였다. 또한 제3차 회담에서 구보타 발언으로 회의가 결렬되자 미국은 서울·도쿄·워싱턴 DC에서 한일 양국을 중재하기 위한 노력을 적극적으로 기울였다. 1964년 한국에서의 한일회담 반대운동이 격화되었을 때에도 미국은 박정희 정권의 강경대응을 지지하면서 야당 등 반대세력에 직접적인 압력을 가하였다. 일본에 대해서는 요시다 전 총리에 의한 '사죄 사절단' 파견을 촉구하는 등 매우 적극적인 개입을 하기도 하였다.

　미국은, 한국이 한일회담의 가장 중요한 목표로 삼았던 식민지 지배의 청산을 위한 배상요구에 대해서는 가급적 중립적 또는 무관심 입장을 견지하려 했다. 이 부분은 미국이 냉전 논리에 따라 일본의 배상을 완화하는 방향으로 정책이 선회하였던 점을 상기해보면 당연한 현상일 수도 있다. 미국이 1952년 4월 29일 및 1956년 12월 31일

한일 양국에 전달한 대일강화조약 제4조에 관한 미국무부의 해석은 이러한 미국의 입장을 잘 나타내고 있다. 미국은 "미군정에 몰수되어 한국 정부에 이양된 재한 일본재산에 대하여 일본은 강화조약 제4조 b)항에 의해 청구권을 주장할 수 없다"고 하면서도, "재한 일본재산이 한국 측에 인도되었다는 사실은 한국의 대일청구권을 결정할 시 고려되어야 한다"라는 애매한 표현을 사용함으로써 일본이 역청구권 주장을 철회토록 하되, 한편으로는 일본이 한국의 8개 항목 청구권 주장에 대하여 "한일 간의 교섭을 통하여 한국의 재한일본재산 취득으로 대일청구권이 어느 정도까지 소멸되고 충당되었는지를 결정해야 한다"는 주장을 펼칠 수 있도록 하는 빌미를 제공하였다.

청구권문제에 관하여 한국 편을 들지 않았던 미국으로서도 이 문제의 해결 없이는 한일 간 협상이 타결되기 어렵다는 점을 충분히 인식하고 있었다. 미국은 청구권문제를 풀어나감에 있어 자신들의 동아시아 외교정책에도 부합할 수 있는 경제협력방식으로 해결토록 양국을 설득하였던 것이다. 한국 정부를 친미 반공정권으로 유지시키면서 경제발전을 성공시킬 필요가 있었던 미국은, 6·25전쟁 특수를 통하여 경제부흥에 성공한 일본이 일정 부문 한국에 대한 경제협력에 참여함으로써 미국의 대한원조 부담을 덜어주기를 원하였다. 케네디 정권이 들어선 이후 미국은 대한원조를 무상원조에서 한국의 경제발전을 촉진할 수 있는 유상차관(개발원조)으로 전환하였고(이는 국제수지 적자로 인한 미국의 국내사정에서도 기인), 한국의 장기적 경제개발계획의 수행에 일본의 경제협력을 결부시키고자 하는 방침을 세우고 있었다.[72] 이러한 미국의 생각이 도출해 낸 결과가 한일 간 청구권협정의 근간이 되는 1962년 11월 12일의 '김종필-오히라 합의'라고 할 수 있다. 일본으로부터의 자금 도입이 절실했던 한국으로서는 경제협력방식을 받아들이지 않을 수 없었던 것이다.

6·25전쟁 특수[73]

6·25전쟁 중 전선에 출동하는 유엔군(주력은 미군) 장병들에게 보급하기 위해 발생한 물자나 용역 서비스의 수요를 의미한다. 1950년부터 1953년까지 특수는 물자와 서비스를 합쳐 13억 달러 정도에 이르렀다. 주로 일본이 이 특수에 대한 공급을 담당하였는데, 이 특수 수입은 일본이 단시일 내에 전후의 침체상태로부터 빠져 나와 공업입국으로서의 기반을 조성할 수 있도록 하였다.

한일회담 당시
한국의 교섭 여건

한일회담이 시작된 1951년 10월은 한국이 근대국가의 모습을 갖추고 출범한지 불과 3년여가 지난 시점이었다. 신생국가인 한국의 외교 인프라는 당연히 열악할 수밖에 없었다. 게다가 한국은 공산세력과 전쟁 중이었다. 외무부는 1948년 7월 17일 최초 정원 160명으로 출범하였으나 이후 인원이 너무 많다는 비판에 따라 직제개정으로 80명으로 반감되었으며, 6·25전쟁 기간 중에는 30여 명으로 운영되었다.[74] 이들 또한 전쟁으로 인하여 체계적인 훈련을 받을 수 있는 환경이 아니었다. 직업외교관이 양성될 틈이 없었던 관계로 초기 한일회담의 한국 대표단은 수석대표를 포함, 민간 분야의 인사들로 주로 구성되었다(대표단에 외교 관료들이 본격적으로 참여하기 시작한 것은 장면 정권하에서의 제5차 회담부터이다). 이로 인해 한국 대표단은 외교경험이 풍부했던 이승만 대통령의 세세한 지시를 받아 회담에 임할 수밖에 없었다. 이에 반해 일본은 비록 패전국이긴 하였지만, 반세기 이상을 제국주의에 동참하여 해외로 세력을 팽창해 나가던 국가였던 터라, 외교 인프라에 있어서 한국과 비교가 안 될 정도로 막강한 전력을 가지고 있었다. 일본 대표단은 다양하고 풍부한 교섭 경험을 가지고 있던 외교관들로 구성되었다. 1869년 설치된 일본 외무성은[75] 한국과의 교섭이 시작되기 직전인 1950년 본성 직원만 1,066명이었다.[76] 이에 더하여 일본은 패전 후 연합국과의 전후 처리를 논의하는 과정에서 배상과 관련한 국제법 연구가 철저히 이루어졌기 때문에 한국과는 차원이 다른 준비를 거쳐 회담에 임할 수 있었다.

이러한 근본적인 전력의 차 이외에도, 당시의 한국 내 분위기가 일본 관리들의 한국방문을 허용치 않는 상황이었기 때문에 회담은 처음부터 끝까지 일본에서 진행될 수밖에 없었다. 이로 인해 한국 대표단은 일본 대표단에 비해 상대적으로 매우 불리한 환경 속에서 교섭에 임해야 했다. 오늘날과 같이 통신이 발달하지도 않은 상황에서 한국 대표단은 회의 결과를 본국에 보고하고, 다음 회의의 지침

(훈령)을 받기 위하여 노심초사할 수밖에 없었다. 본국 정부와의 교섭 전략 협의를 위해 필요에 따라서는 수석대표나 대표단의 일원이 본국을 왕래해야 하는 불편을 감수해야만 했다. 본국의 외무부와 주일대표부 간에 전용 통신 회선을 통해 본격적으로 전문 교신을 하게 된 것은 1956년 4월부터이다.[77] 그 이전에는 회담 결과를 수기(手記)로 작성하여 외교행낭(diplomatic pouch: 항공편을 이용할 경우 통상 2~3일 소요)편으로 본국에 보고하거나, 시급한 것은 국제전화를 통하는 방식을 취할 수밖에 없었을 것이다. 외화가 넉넉지 못했던 당시의 사정에 비추어 한국 대표단이 체류하였던 숙소도 매우 열악했을 것임에 틀림없다.

이와 같이 객관적으로 불리한 여건을 극복하기 위하여 한국이 교섭에서 활용한 것이 '평화선'이다. '평화선'은 한국 정부가 '맥아더 라인'의 폐지에 대비하는 한편, 일본이 한일회담 예비회담에서 어업문제 교섭에 성의를 보이지 않음에 따라 회담에서의 협상력을 높이기 위한 방책으로 선포한 것이다.[78] 한국은 회담이 결렬되고 일본이 회담 재개에 응하지 않을 경우 '평화선'을 침범한 일본 어선을 나포함으로써 일본 측에 압박을 가하였다. 또한 일본이 청구권문제 교섭에 소극적인 모습을 보일 경우에는 청구권문제를 일본이 원하던 '평화선' 폐지문제와 연계시킴으로써 교섭상황을 유리하게 이끌어 가기도 하였다. '평화선'은 한일회담이 진행되는 동안 한국의 매우 효과적이고 가치 있는 협상 지렛대(leverage)로 활용되었다.

일본은 1952년 4월 28일 대일강화조약이 발효되자마자 한국 측에 대하여 주한일본대표부의 설치를 요구하였다. 한국이 주일대표부를 가지고 있었기 때문에 이에 상응하는 조치를 요구한 것이지만, 한편으로는 한일회담 교섭과정에서 한국의 국내사정을 파악하고 정보를 수집하기 위한 목적도 있었다고 볼 수 있다. 그러나 한국은 양국 현안이 어느 정도 타결된 이후에 고려하겠다는 입장을 견지하면서 교섭의 마지막 순간까지 이를 허용하지 않았다. 한국정부는 현지 대표부를 통해 회담과 관련한 일본 내 사정 등 정보를 수집하고, 최고사령부 접촉을 통하여 미국의 입장도 파악하면서, 일본에서 회담이 개최되는 불리함을 극복하려 하였다. 한일협정은 이와 같이 한국이 불리한 여건 속에서도 최선의 노력을 통해 도출해 낸 결과물이라는 점을 이해할 필요가 있다.

한국 정부가 한일회담 타결에 나선 배경

앞에서 이미 여러 번 언급하였지만 한국 정부가 한일회담에서 가장 역점을 두었던 사안은 청구권문제에 관한 교섭이었다. 따라서 청구권문제의 해결방안을 담은 청구권협정의 타결이 곧 한일회담의 타결과 직결되었다고 해도 과언이 아닐 것이다. 한국 정부가 이와 같이 중차대한 청구권협정을 국내의 극심한 반대를 무릅쓰고 경제협력의 일괄타결방식을 통해 정치적으로 해결하고 한일회담을 조기에 마무리하게 된 배경은 무엇인가?

이에 대한 가장 직접적인 답은 "한국 경제의 발전을 위해 일본으로부터 자금도입이 절실하였기 때문이다"라고 할 수 있다. 박정희가 정권을 잡은 1961년 당시 한국 경제는 1인당 국민소득이 85달러에 불과[79]하였으며, 만성적인 인플

레이션과 물가상승으로 국민들은 극심한 고통 속에서 벗어나지 못하고 있었다. 그나마 한국 경제를 버티게 해주었던 미국의 원조도 1958년부터 양적으로 감소하고[80] 질적으로도 무상에서 유상의 차관으로 변화하면서 국제수지의 불균형은 악화일로에 있었다. 이러한 때에 정권을 잡은 박정희는 정권의 정당성과 안정성 확보를 위해서라도 국민의 먹고사는 문제해결에 필요한 경제재건을 최우선 과제로 삼을 수밖에 없었다. 정부는 1962년 1월 '제1차 경제개발계획'을 발표하였으나, 경제개발에 소요되는 자금 확보가 난관에 부딪혔다. 미국은 물론 유럽 어느 국가도 신용이 불확실한 한국에 돈을 꾸어주려 하지 않았기 때문이다. 1950년대 말까지만 해도 한국은 '전쟁 위험 국가'로 분류되어 외자 도입이 불가능했다. 1962년 7월 정부는 '장기결제 방식에 의한 자본재도입촉진법'과 '정부지불보증법'을 제정하는 조치까지 취하였으나 외자도입은 거의 이루어지지 않았다.[81] 결국 박정희는 '산업화 프로젝트'에 필요한 자금과 기술을 일본에서 시급히 조달하여 '경제개발 5개년계획'을 원활하게 실천할 필요가 있었으며, 이러한 필요가 박정희 정권을 일본과의 조기 국교정상화와 함께, 경제협력방식의 청구권협정 타결로 이끌었던 것이다.

두 번째로, 1950년대 말부터 북한의 산업화가 급속히 진전되면서 북한에 대한 한국의 상대적 열등감과 위기의식이 점차 확산되고 있었던 점도 박정희 정부가 한일회담을 조속히 마무리하여 경제발전에 매진하도록 하는 기폭제가 되었다고 보아야 할 것이다.[82] 북한은 6·25전쟁이 끝난 1953년에는 1인당 국민총생산이 58달러로, 76달러였던 한국보다 뒤지고 있었다. 그러나 1960년대에 들어 한국을 앞서기 시작하였으며 가장 크게 격차가 벌어진 1964년에는 한국이 107달러, 북한 194달러였다. 이러한 추세는 1973년까지 계속되었다.[83] 또한, 북한의 김일성은 1961년 9월 11일 '인민경제발전 7개년계획(1961~1967)'을 발표하였는데,[84] 박정희 정부가 1962년 1월 서둘러 '제1차 경제개발 5개년계획'을 발표한 것도 이에 영향을 받았기 때문이라고 보아야 할 것이다.

세 번째로 베트남전쟁의 확전과 공산 중국의 핵실험 성공에 따른 아시아지역의 정세변화로 한국이 안보상 위기감을 느끼게 되었고, 이러한 위기감이 일본과의 안보협력을 기대할 수 있는 조기 국교정상화 추진으로 이어졌다. 1964년 8월 통킹만 사건을 계기로 미군이 베트남전쟁에 직접 투입되었는데, 미국의 베트남전 개입 확대는 한국에 대한 안보 공약의 상대적인 약화를 초래할 수밖에 없었다. 이에 더하여 1964년 10월 중국의 핵실험 성공은 아시아지역에서의 공산세력의 위상을 강화하는 효과를 가져왔으며, 이는 북한의 공산정권과 대치하고 있는 한국에게는 직접적인 안보 위협으로 다가왔다. 결국 한국은 베트남전 파병이라는 승부수를 띠워 미국의 한국에 대한 안보 협력을 재확인하는 한편, 공산세력에 대한 공동전선 구축을 위하여 일본과의 조기 국교정상화를 추진하게 되었다.[85]

마지막으로, 이와 같은 시대적 상황에 따른 필요성 외에, 법적 근거와 사실증거를 통하여 청구권문제를 해결하는 것이 불가능해졌던 요인도 교섭을 정치적 타결로 이끄는 작용을 하였다. 한국 외무부는 1965년 7월 발간한 『대한민국과 일본국 간의 조약 및 해설』이라는 책자에서 청구권문제를 정치적인 방법으로 일괄 타결해야만 했던 배경을 설명하고 있다.[86] 한일 양국의 회담 대표단은 제5차 및 6차 회담에서 한국 측이 제시한 청구권 요강의 법적 근거와 사실증거를 둘러싸고 격렬한 논쟁을 벌였다. 이러한 교섭과정을 통하여 "일본 측의 고의적인 증거인멸, 장시일의 경과 및 6·25전쟁으로 인하여 증거 보존이 불충한 점, 또한 현재 대한민국의 시정권이 사실상으로 미치지 못하고 있는 지역에 관련된 사실관계를 어떻게 입증할 것인가 하는 문제 등을 고려할 때, 결국 청구권문제는 8개 항목의 청구를 세목별로 법 이론과 사실관계를 따지는 사무적 방법이 아닌 다른 방법에 의하여 해결할 수밖에 없음이 명백"[87]해졌던 것이다.

한일협정과 과거사 문제

지금까지 살펴본 대로 한일협정은 한국 정부가 교섭 당시의 여러 가지 외부적인 제약 요소와 불리한 여건 속에서 13년 8개월간에 걸쳐 일본과의 치열한 교섭 끝에 도출해 낸 결과물이다. 그러나 이 협정은 한국 국내에서의 과거사문제를 둘러싼 논란 속에 매몰되어 외교사적 측면에서의 의미조차 제대로 찾지 못하고 있는 실정이다.

2015년 12월 28일 한일 외교장관이 지난 몇 년간 양국관계를 어렵게 했던 일본군'위안부'문제의 해결에 외교적으로 합의하였다.[88] 이 극적인 합의에 따라 한국은 피해자들의 명예와 존엄의 회복 및 마음의 상처 치유사업을 위한 '화해와 치유재단'을 설립하였고, 일본 정부는 이 재단에 사업 시행을 위한 10억 엔의 자금을 거출하였다. 그러나 일부 피해자나 피해자 지원단체들은 이 정부 간 합의가 피해자들의 의사를 반영하지 않은 것이라 하여 수용하지 않고 있다. 국내여론도 이 합의에 대해 그리 긍정적이지만은 않다. 한일 간의 과거사문제는 일본군'위안부'문제뿐만 아니라 강제동원피해자에 대한 배상문제도 아직 현재진행형이다. 2012년 한국의 대법원이 일본 기업들을 상대로 제기된 강제동원피해배상소송에서 피해자들의 손을 들어주었고,[89] 일본 기업들이 소송결과에 불복하여 대법원에 재상고한 후 아직까지 판결이 내려지지 않고 있다. 최근까지 한국 법원에서 유사한 소송이 계속해서 제기되고 있는 데 대법원이 최종적으로 어떠한 판결을 내릴지는 미지수다. 이 밖에도 원폭피해문제, 사할린 한인문제, BC급 전범문제 등 일제강점하에서 피해를 입은 사람들 입장에서는 아직까지 완전히 해결되지 않은 문제들이 많이 있다.

　이와 같은 과거사문제의 논란 한복판에 바로 한일청구권협정이 놓여 있다. 청구권협정 제2조 1항에는 "… 청구권에 관한 문제가 … 완전히 그리고 최종적으로 해결된 것이 된다는 것을 확인한다"는 규정이 있다. 이 조항에 대한 한일 양국 정부, 그리고 사법부나 피해 당사자들의 상이한 해석이 논란을 일으키는 요인이 되고 있는 것이다. 일본 정부나 사법부는 이 조항에 따라 한국 국민의 일본에 대한 모든 청구권이 완전히 해결되었다는 입장을 되풀이하고 있는 반면, 한국 정부는 강제동원피해문제를 제외하고 일본군'위안부'문제나 사할린 한인, 원폭문제는 청구권협정의 대상에 포함되지 않았다는 입장을 취해 왔다.[90] 한국의 사법부나 피해자들은 강제동원피해문제 또한 아직 해결되지 않았다는 입장이다.

    그렇다면 청구권협정이 서로 다른 해석을 유발하는 등 완전치 못하였기 때문에 일제의 식민지 지배로부터 유래된 과거사문제가 종결되지 않고 있는 것일까? 한국 정부는 청구권문제 교섭과정에서 강제동원피해자들에 대한 자체보상을 전제로 일본과 국가 차원의 일괄타결방식에 합의하였다. 그리고 이 입장에 따라 1970년대 중반에 피해자들에게 국내보상을 실시하였다. 이때의 보상이 미흡했다는 비판이 일자 2004년부터 2015년까지 피해자들에게 6,200억 원을 추가로 지원하였다. 그러나 이러한 추가지원에도 불구하고 강제동원피해자들은 일본기업이나 한국 정부를 상대로 한 피해배상소송을 멈추지 않고 있다. 한국 정부가 청구권협정의 대상이 아니라고 자리매김한 원폭피해자나 사할린 한인들에 대해서는 일본 정부와의 별도 외교 교섭을 통해 여러 가지 지원 사업을 실시해 왔다. 하지만 이들도 한국 정부를 상대로 한 피해보상소송에 동참하고 있다. 이러한 현상은 어떻게 해석해야 하는 것일까?

지금이라도 과거사문제를 청산하기 위해서는 한국이 불리한 여건 속에서 체결한 청구권협정을 폐기하고 오늘날의 시점에서 일본과 다시 협상을 해야 한다는 주장도 있다. 이 주장은 한국 국민의 정서상 또는 이론적으로는 납득이 가는 주장이지만 현실적으로는 실행하기가 매우 어려운 문제일 수밖에 없다. 지금은 물론, 1960년대와 비교할 수 없을 정도로 한국의 국력이 커졌다. 수많은 외교 교섭을 통해 교섭 능력이 배양되었고 외교 인프라도 눈부시게 발전하였다. 한일회담 내내 영향을 미쳤던 냉전의 논리도 더 이상 유효하지 않다. 그러나 일본을 더 중시하는 미국의 동아시아 외교정책의 근간에는 변화가 없다. 일본의 아베 신타로(安倍晋太郎) 총리는 눈에 띠게 역사수정주의의 노선을 걸어가고 있다. 아베 총리의 신도로 일본의 국내정치적인 상황도 한국이 원하는 방향과는 반대로 나아가고 있다. 이와 함께 일본은 북한과의 국교정상화를 오랜 숙제로 안고 있어 한국과의 교섭 문서를 완전히 공개하지 않고 있을 정도로 예민한 상태이다. 이러한 요소들이 한일 간의 재협상 가능성을 희박하게 하고 있는 것이다. 교섭은 혼자 하는 것이 아니라 상대가 있는 게임이라는 점 또한 잊어서는 안 될 것이다. 이러한 점에서 한국 정부가 일본 정부와 어려운 협상을 거쳐 도출했지만 한국국내에서 저조한 평가를 받고 있는 12.28 일본군'위안부' 관련 합의는 시사하는 바가 크다고 할 수 있다.

36년간의 일제강점이 지울 수 없는 우리 역사의 일부분이듯이 한일회담도 대한민국 역사의 한 면에 기록되어 있다. 이 역사적 사실에 대한 평가는 다양할 수 있겠지만, 그 평가가 공정하고 설득력이 있기 위해서는 한일회담이 진행되었던 당시의 제반 정황에 대한 충분한 이해가 선행되어야 할 것이라는 점을 재차 강조하면서 이제 이 책을 마무리 짓고자 한다. 한일회담이라는 역사와 그 역사적 사건의 결과물인 한일협정에 대한 평가는 독자 여러분들의 몫이다.

양자 조약의 유형과 명칭

조약(Treaty)
가장 격식을 따지는 정식의 문서로서 주로 당사국간의 정치적, 외교적 기본관계나 지위에 관한 포괄적인 합의를 기록하는 데 사용된다.

협정(Agreement)
주로 정치적인 요소가 포함되지 않은 전문적·기술적인 주제를 다룬 사안의 합의에 많이 사용된다. 체결 주체는 주로 정부이며 가장 일반적으로 사용되는 양자 조약 형태다.

의정서(Protocol)
의정서라는 명칭은 기본적인 문서에 대한 개정이나 보충적인 성격을 띠는 조약에 주로 사용되나, 최근에는 전문적인 성격의 다자 조약에도 많이 사용되고 있다.

각서교환(Exchange of Notes)
전통적인 조약이 하나의 문서에 양 체약국 대표가 서명함으로써 체결하는 데 비하여 각서 교환은 일국의 대표가 그 국가의 의사를 표시한 각서(Proposing Note)를 타방국가의 대표에 전달하면, 타방국가의 대표는 그 회답각서(Reply Note)에 전달받은 각서의 전부 또는 중요한 부분을 확인하고 그에 대한 동의를 표시하여 합의를 성립시키는 형태. 주로 기술적 성격의 사항과 관련된 경우에 많이 사용되며 조약체결 절차를 간소화함으로써 긴급한 행정 수용에 부응할 수 있는 장점이 있다.

양해각서(Memorandum of Understanding)

합의각서(Memorandum of Agreement) 및 양해각서(Memorandum of Understanding)는 이미 합의된 내용 또는 조약 본문에 사용된 용어의 개념들을 명확히 하기 위하여 당사자 간 외교교섭의 결과 상호 양해된 사항을 확인, 기록하는 데 주로 사용되나, 최근에는 독자적인 전문적·기술적 내용의 합의사항에도 많이 사용되고 있다.

* 상기 이외에도 약정(Arrangement), 합의의사록(Agreed Minutes), 잠정약정(Provisional Agreement, Modus Vivendi) 등의 용어가 사용되고 있는 데, 이들은 명칭에 관계없이 내용상 '조약법 협약'의 양국 간 합의를 구성하는 넓은 범주의 조약에 해당되는 경우에는 조약으로서 동등한 효력을 가진다.

기관 간 약정(Agency-to-Agency Arrangement)

기관 간 약정은 국가 또는 정부 간에 체결되는 조약 또는 협정이 아닌 정부기관 간에 체결되는 약정을 의미한다. 국가 또는 정부 간에 체결된 모(母)조약을 시행하기 위한 경우와 모조약의 근거 없이 소관 업무에 관한 기술적 협력사항을 규정하는 경우로 구분된다.

출처: 외교부 홈페이지

한일회담이란 무엇인가?

1 이 책에서는 1948년 8월 15일 대한민국 정부가 수립되기 전까지는 남한, 수립 후에는 한국 또는 대한민국으로 부르기로 한다.

2 일본은 패전 후 1945년 10월 2일부터 샌프란시스코강화조약이 발효되는 1952년 4월 28일까지 연합군최고사령부(GHQ/SCAP: General Headquarters/Supreme Commander of the Allied Powers)의 통치하에 놓여 있었다. 연합군 최고사령관은 더글라스 맥아더(Douglas MacArthur) 원수였다.

3 Cheong, Sung-hwa, The politics of anti-Japanese sentiment in Korea: Japanese-South Korea relations under American occupation, 1945-52, Westport, Connecticut: Greenwood Press, 1991. P.48; 大藏省財政史室篇, 『昭和財政史-終戰から講和まで』, 第20卷(英文資料), 東京: 東洋經濟新聞, 1982, 432~433쪽.

4 미군정청은 몰수한 일본재산을 한국 정부에 이양하기 전, 기업체 513건, 부동산 839건, 기타 916건 등 총 2,268건을 매각한 바 있으며, 반노호텔, 성동(현재의 미 대사관저), 신당동, 용산(현 미8군 기지) 일대는 이양하지 않고 그대로 소유하였다.

5 외무부, 『外務行政의 10年』, 서울: 동아출판사, 1959, 11쪽.

6 대일배상조사심의위원회 김훈 위원장은 1949년 8월 13일 담화발표를 통하여, 맥아더 사령관의 이러한 회신 내용을 공개하였다(「公正한 要求貫徹, 對日賠委서 現物返還 要求」, 『경향신문』, 1949. 8. 14).

7 인터넷 두산백과 http://terms.naver.com/entry.nhn?docId=1069352&cid=40942&categoryId=34517(2016. 6. 10 검색).

8 "The Acting Secretary of State to the Embassy in Korea, November

23, 1949", FRUS 1949, Vol. VII, p.904.

9 "The Ambassador in Korea(Muccio) to Secretary of State, December 3, 1949", FRUS 1949, Vol. VII, p.911.

10 金民樹, 「對日講和條約と韓國參加問題」, 日本國際政治學會編, 『國際政治』 131, 2002, 139쪽.

11 "Memorandum of Conversation between Dulles and Chang, January 26, 1951", RG 84, Foreign Service Posts of the Department of State, Japan post, Peace Treaty, box 60(Suitland, MD., Washington National Records Center); Cheong, Sung-hwa, op. cit., p.80.

12 日本外務省, 「韓國政府の平和條約署名問題に關するわが方見解」, 1951. 4. 23」, 『日本外交文書－サンフランシスコ平和條約對美交涉』, 413~414쪽.

13 Cheong, Sung-hwa, op. cit., pp.92~93.

14 영국은, 공산 중국이 영국의 식민지였던 홍콩을 무력으로 '해방'시키고자 하는 대신 난징조약에 따른 조차기간이 끝나는 시점에서 반환받는다는 방침을 정함에 따라, 그 대가로 1950년 1월 공산 정부를 승인하였다. 공산 중국으로서는 서방세계와의 통로로 홍콩이 필요하였다.

15 박실은 이승만 대통령이 그의 숭배자들로부터는 물론 당시 외무부 직원들로부터도 '외교의 신'으로 불렸다고 언급하였다(박실, 『이승만 외교의 힘－벼랑 끝 외교의 승리』, 서울: 청미디어, 2010, 19쪽).

16 대한민국 정부, 『대일배상요구조서』, 1954.

17 「單獨講和 不必要, 日 外務當局 言明」, 『동아일보』, 1951. 9. 6.

18 "Treaty of Peace with Japan, Sept 8, 1951", UCLA Center for East

Asian Studies, East Asian Studies Documents.

19 『日本外交文書綴』1861, '對日平和條約の朝鮮關係, 1951. 4. 23'.

20 김동조, 『회상 30년, 한일회담』, 서울: 중앙일보, 1986, 19쪽.

21 Cheong, Sung-hwa, op. cit., p.59. 해방 후 한국에서 일본으로 귀국한 일본인들도 동일하게 1,000엔에 개인소지품만 허용되었다.

22 김동조, 앞의 책, 20쪽.

23 GHQ/SCAP은 1948년 8월 15일 한국에 정식으로 정부가 수립되자 재일 한인들을 한국으로 귀국시키기 위하여, 1인당 1,000엔으로 제한하였던 반출가능 금액을 10만 엔으로 올리고, 일본에서 10만 엔을 입금할 경우 한국 정부로부터 10만 원을 받을 수 있도록 규정을 바꾸었다(Cheong, Sung-hwa, op. cit., p.69).

24 Dower, John W., "The San Francisco System: Past, Present, Future in U.S.-Japan-China Relations", The Asia-Pacific Journal: Japan Focus, Vol. 12, Issue 8, February 24, 2014, p.1.

25 "Tokyo(Sebald) to Sec State, Oct 3, 1951", RG 84, Foreign Service Posts of the Department of State, Japan post, Japan-Korea folder (Suitland, MD., Washington National Records Center).

26 "Incoming Message from American Embassy Pusan(John J. Muccio) to GHQ/SCAP (USPOLAD) Tokyo Japan, Sep 23, 1951", Ibid.

한일회담은 어떻게 진행되었는가?

27 유진오, 「남기고 싶은 이야기: 한일회담(21)」, 『중앙일보』 연재, 1983. 9. 23.

28 『한국외교문서철』 86, '제1회 재산 및 청구권분과위원회 경과보고, 1052. 2. 20'. 289~290쪽, 'Principles of the Draft Agreement on the Disposition of Property Claims between the Republic of Korea

and Japan'(대일청구권요강 영문본), 1952. 2. 21;『한국외교문서철』87, 713~714쪽 '한국의 대일청구요강안'(한글본);『日本外交文書綴』1174, '對日請求要綱案' 한글본, 일본어 번역본.

29 『日本外交文書綴』1054, '日韓會談 無期休會案(私案:久保田參與), 1953. 6. 21', '無期休會案に贊成の理由(下田條約局長), 1953. 6. 23'.

30 『日本外交文書綴』1701, '日韓會談に關する久保田・金非公式會談要旨, 1953. 7. 22'.

31 浅野豊美, 吉澤文壽, 李東俊 編,『日韓國交正常化問題資料 基礎資料編 第6卷 日韓國交正常化交涉の記錄總說』, (이하『日韓國交正常化交涉の記錄』으로 약기), 2011, 東京 : 現代史料出版, 92쪽.

32 『日本外交文書綴』1059, '再開日韓會談 第1回各省事前協議會議事錄, 1953. 10. 2'.

33 『日本外交文書綴』170, '再開日韓交涉 第3回本會議議事要錄, 1953. 10. 20'[『한국외교문서철』(95, 1953)에는 김용식 대표의 발언을 별첨한다고 기록되어 있으나 첨부되어 있지 않다].

34 『日本外交文書綴』174, '請求權部會 第2回會議議事要錄, 1953. 10. 15'.

35 국가법령정보센터,「어업자원보호법」, 1953. 12. 12(http://www.law. go.kr/lsSc.do?menuId=0&p1=&subMenu=4&nw Yn=&section= &query=#Eundefined, 2016. 6. 11 검색).

36 『日本外交文書綴』526,「日韓會談重要資料集(續)」, 1962. 7. 1, 87쪽.

37 『日本外交文書綴』658, '日韓請求權相互放棄について, 1953. 11. 10', 1~5쪽.

38 일본은 1957년 3월 각의에서 재외재산 보유자에 대한 정부의 법적 보상의 무는 없으나, 그들의 특별한 사정을 고려하여 정책적 조치를 취하기로 결정하였다(장박진,『미완의 청산』, 역사공간, 2014, 482쪽).

39 浅野豊美 外 編,『日韓國交正常化交涉の記錄』, 2011, 243쪽.

40 제5차 회담 기간 중인 1961년 1월 한국이 작성한 대일청구권 내역중 개인청구권에 해당하는 제5항목에는 일본계 유가증권, 일본계 통화, 피징용 한

국인 미수금, 전쟁으로 인한 피해보상(전몰자 및 부상자에 대한 보상, 전몰자 가족에 대한 부양료 등), 한국인의 대일본 정부 청구(은급), 한국인의 대일본법인 청구(보험액)가 포함되어 있었다(한국외교문서철, 718, 945~952쪽).

41 『日本外交文書綴』1793, '總理 訪美(韓國問題)の件(주미일본대사의 이케다 총리-케네디 대통령 회담내용 중 한국문제에 관한 보고), 1961. 6. 20'.

42 고다마 요시오는 한국의 선린상고를 졸업하였으며, 전후 A급 전범 용의자로 체포되었다가 미국에의 협조를 약속하고 풀려나 미 CIA 공작원 노릇을 한 인물로서, 일 정재계 흑막 해결사 등으로 불리웠다(有馬 哲夫, 『児玉誉士夫 巨魁の昭和史』, 東京: 文藝春秋社, 2013). 야쓰기 가즈오(矢次一夫)와 더불어 한일교섭의 막후에서 일정한 역할을 하였다(노 다니엘〈김철훈 역〉, 『독도 밀약』, 서울: 한울, 2011, 129~134쪽).

43 浅野豊美 外 編, 『日韓國交正常化交渉の記錄』, 2011, 323쪽.

44 이 합의 내용은 『한국외교문서철』796에 포함되어 있는 '김종필-오히라 메모'의 내용이다.

45 이 회담은 한일회담의 흐름상 제6차 회담의 제2차 정치회담이 되어야 하며, 한국외교문서상에도 그리 되어 있다. 그러나 어업문제 위주로 토의가 이루어진 회담결과를 볼 때 양국 간 교섭과정에 있어서 그리 큰 비중을 차지하지는 못한 것으로 여겨진다.

46 나가노 신이치로, 『상호의존의 한일경제관계』, 서울: 이른아침, 2009, 260쪽.

47 『한국외교문서철』1500, '시나 에쓰사부로 일본국 외무대신 방한에 관한 보고, "시나 외상 도착성명", 1965. 2. 17', 839쪽;「椎名 日 外相 着韓」, 『동아일보』, 1965. 2. 17.

48 외교부 홈페이지(http://www.mofa.go.kr/system/popup/index3.jsp), 2016. 8. 21 검색.

한일협정이란 무엇인가?

49 미국은 샌프란시스코 대일강화조약의 발효와 함께 일본이 강화조약 서명국으로 참가하지 못한 한국 및 타이완과 조기에 국교를 정상화함으로써 일본을 중심으로 하는 방공(防共)지역통합구상인 '샌프란시스코 체제'를 완성시키기를 희망하였다. 일본은 미국의 이러한 희망에 부응하여 강화조약 발효일인 1953년 4월 28일 타이완과 수교하였으나 한국과는 1965년이 되어서야 국교를 정상화하게 되었다.

50 통상 영어를 모국어로 하지 않는 2개국 간에 조약을 작성할 때는 제3국어인 영어(또는 불어)본을 함께 작성하여 훗일 양국 간에 조문 해석상 문제가 발생하였을 경우 영어본을 우선으로 하는 것이 일반적이다. 그러나 한일 양국은 기본관계조약의 영어본을 각기 자국어본으로 번역하는 과정에서 진통을 겪게 되자 여타 협정은 영어본 없이 한국어본과 일본어본으로만 작성하였다.

51 『한국외교문서철』 1565, '주일정 722-212 한일 간의 제 현안에 관한 조약 교섭결과보고, 1965. 6. 21', 344쪽.

52 『日本外交文書綴』 1462, '椎名外務大臣, 李東元外務部長官 第2回會談記錄, 1965. 6. 23'.

53 국무조정실 보도자료, 「한일회담 문서공개 후속대책 관련 민관공동위원회 개최」, 2005. 8. 26.

54 야당인 삼민회 소속 김준연 의원은 1964년 3월 26일 한국 정부가 일본으로부터 1억 3,000만 달러를 청구권 자금으로 미리 받았다고 주장한 데 이어 4월 2일에는 박정희-김종필 라인이 일본으로부터 2,000만 달러의 불법 정치자금을 받았다고 주장함으로써 한일회담 반대세력들을 자극하였다(『동아일보』, 1963. 3. 26 및 4. 2).

55 조수종, 「대일청구권자금이 초기 한국경제의 발전에 미친 영향」, 한국동서경제학회, 『한국동서경제연구』 7, 1996, 84~88쪽.

56 한국무역협회 통계(http://stat.kita.net/stat/kts/sum/SumImpExp

TotalList_screen), 2016. 8. 27 검색.

57 경제기획원, 『청구권자금백서』, 1976, 90쪽.

58 유의상, 「한일청구권협정과 과거사현안의 해결에 대한 고찰」, 한국정치외교사학회, 『한국정치외교사논총』 37(2), 2016, 211, 212쪽.

59 일본 정부도 이점에 관해서는 한국 정부와 같은 입장이다. 1991년 8월 일본 외무성 야나이 슌지(柳井俊二) 조약국장은 국회에서, "한일 청구권협정은 … 한일 양국이 국가로서 가지고 있는 외교보호권을 상호 포기했다는 것이다. 따라서 이른 바 개인의 청구권 자체를 국내법적 의미에서 소멸시킨 것은 아니다. 한일 양국 간에 정부로서 이것을 외교보호권의 행사로서 제기하는 것은 불가능하다는 의미이다."라고 발언하였다(第121回 日本國會 參議院豫算委員會 會議錄 第3號, 1991. 8. 27, 10).

60 경제기획원, 앞의 책, 1976, 56쪽.

61 한국 정부는 1975년 7월 1일~1977년 6월 30일 2년간 재산관계 7만 4,963건에 66억 1,695만 원(일본통화 1엔당 한국통화 30원의 비율로 보상), 피징용자 사망 8,552건에 25억 6,560만 원(사망자 1인당 30만 원 보상), 계 91억 8,255만 원을 보상하였다(재무부, 『대일민간청구권보상 종결보고서』, 1978, 61~68쪽).

62 대일항쟁기 강제동원피해조사 및 국외강제동원희생자 등 지원위원회, 『위원회활동결과보고서』(요약본), 2016, 64쪽.

63 조윤수, 「한일어업협정과 해양경계 획정 50년」, 서울대학교 일본연구소, 『일본비평』 12, 2015, 103쪽.

한일회담, 어떻게 평가할 것인가?

64 『第50回 (일본) 國會 參議院會議錄』第8號, 1965년 11월 19일.

65 外務省, 『日韓條約について』, 1965년 11월, 15~16쪽.

66 John F. Dulles, War or Peace, New York: Macmillan, 1950,

pp.74~75.

67 『Colonialism Reparation』, http://www.colonialismreparation.org/en/site-map.html, 2016. 8. 17. 검색;「30년간 리비아 식민지 지배사과, 이탈리아 25년간 5조원 보상」,『조선일보』, 2008. 9. 1.

68 이재승,「사죄와 책임-식민지 잔혹행위를 중심으로-」,『전쟁과 폭력의 시대, 다시 여성을 생각하다』, (여성가족부, 한국여성인권진흥원 주최 국제학술심포지엄 자료집), 2015. 8. 14. 105~106쪽. 이러한 현상은 이탈리아의 대리비아 조약체결이나 영국의 케냐 피해자들에 대한 보상정책에서도 잘 나타나고 있다. 독일 또한 1904~1907년 나미비아를 식민통치하는 기간에 벌어진 '헤레로' 부족에 대한 제노사이드에 대해 사과는 하였으나 법적 책임은 인정하지 않았다.

69 李鍾元,「韓日國交正常化の成立とアメリカ-1960~65年」, 近代日本研究會,『戰後外交の形成』, 1994, 272쪽.

70 李鍾元,「韓日會談 とアメリカ-〈不介入政策〉の 成立を中心に」, 164쪽.

71 「영국 "케냐에 사과" 식민통치 범죄행위 첫 배상」,『한국일보』, 2013. 6. 7.

72 이원덕,『한일 관계사 처리의 원점』, 서울: 서울대학교 출판부, 1996, 180~190쪽.

73 나가노 신이치로, 앞의 책, 2009, 168~191쪽.

74 외무부,「外務行政의 10年」, 2~3쪽.

75 加地良太,「外交實施體制の强化に向けた取組 -在外公館を中心に-」, 參議院事務局企劃調査室,『立法と調査』342, 2013, 19쪽.

76 위의 논문, 31쪽. 2015년 12월 기준으로 한국 외교부의 직원(정원)이 2,216명(본부 923, 재외공관 1,273, 출처: 대통령령 제26593호「외교부와 그 소속기관 직제」), 일본 외무성이 약 5,800명(본성 2,300, 재외공관 3,500, 출처: 일본외무성 홈페이지 http://www.mofa.go.jp/mofaj/annai/honsho/sosiki/index.html)인 점과 비교하면 교섭 당시의 양국의 외교 전력의 차이가 얼마나 컸는지를 실감할 수 있다.

77 외무부 본부와 재외공관 간의 전문 송수신 (전용 무선통신회선 설치)체제는

1954년 12월 본부와 주일대표부 간 통신회신 개통을 시작으로 설치되기 시작하였다. 그 이전까지는 문서의 수, 발신이 우편 또는 인편으로 이루어졌다(외무부, 『外務行政의 10年』, 21~22쪽).

78 이동원 외무장관은 1965년 8월 8일 국회 한일협정 비준동의안 심사특별위원회에서 이와 같은 취지의 발언을 하였다(『제52회 한일 간 조약과 제 협정 비준동의안 심사특별위원회 회의록』, 제7호, 1965. 8. 8, 3쪽).

79 「변화하는 한국경제」, 『한국은행 경제통계 시스템(http://ecos.bok.or.kr/)』, 2016. 8. 15 검색.

80 미국의 대한원조는 1957년 3억 8,000만 달러로 피크를 이루다가 1958년 3억 2,000만 달러, 1959년 2억 2,000만 달러, 1961년 1억 9,000만 달러로 급격히 감소하였다(오원철, 『박정희는 어떻게 경제강국을 만들었나』, 서울: 동서문화사, 2006, 55쪽).

81 오원철, 위의 책, 2006, 64쪽.

82 오오타 오사무(송병권, 박상현, 오미정 역), 『한일교섭 청구권문제 연구』, 서울: 선인, 2008, 249~250쪽.

83 남궁영, 「남북한 경제력 비교평가」, 한국비교경제학회, 『비교경제연구』 3, 1995, 62쪽.

84 북한이 이 계획은 소련과의 긴계의화로 추진이 불가능해셨다(오원철, 앞의 책, 100~101쪽).

85 이원덕, 앞의 책, 1996, 246~250쪽.

86 대한민국 정부, 『대한민국과 일본국 간의 조약 및 해설』, 1965.

87 대한민국 정부, 위의 책, 1965, 79쪽.

맺음말

88 외교부 홈페이지, '한일외교장관회담 공동기자회견 발표내용', 2015. 12. 28.

89　대법원 2012.5.24. 선고, 2009다22549, 판결,「손해배상(기) 등(일제 강제징용사건)」.
90　국무조정실 보도자료,「한일회담 문서공개 후속대책 관련 민관공동위원회 개최」, 2005. 8. 26.

초판 1쇄 인쇄 2016년 12월 1일
초판 1쇄 발행 2016년 12월 10일

지 은 이 유의상
펴 낸 이 주혜숙
디 자 인 오신곤

펴 낸 곳 역사공간
등   록 2003년 7월 22일 제6-510호
주   소 04030 서울특별시 마포구 양화로 11길 18 원오빌딩 4층
전   화 070-7825-9900~8, 02-725-8806
팩   스 02-725-8801
전자우편 jhs8807@hanmail.net

ISBN   979-11-5707-122-7   03910

• 책값은 뒤표지에 있습니다. 잘못된 책은 바꾸어 드립니다.
• 이 도서의 국립중앙도서관 출판예정도서목록(CIP)은 서지정보유통지원시스템 홈페이지(http://seoji.nl.go.kr)와 국가자료공동목록시스템(http://www.nl.go.kr/kolisnet)에서 이용하실 수 있습니다.(CIP제어번호: CIP2016028728)